Gastronomia do Tarô Tradicional

Tânia Gori

Gastronomia do Tarô Tradicional

© 2022, Madras Editora Ltda.

Editor:
Wagner Veneziani Costa (*in memoriam*)

Produção e Capa:
Equipe Técnica Madras

Revisão:
Jerônimo Feitosa
Neuza Rosa

Dados Internacionais de Catalogação na Publicação (CIP)
(Câmara Brasileira do Livro, SP, Brasil)

Gori, Tânia
Gastronomia do tarô tradicional/Tânia Gori. – São Paulo, SP: Madras Editora, 2022.
ISBN 978-65-5620-035-4

    1. Espiritualidade 2. Magia – Esoterismo
3. Ocultismo 4. Tarô – Cartas I. Título.

21-96528   CDD-133.3

    Índices para catálogo sistemático:
1. Tarô: Esoterismo   133.3
    Eliete Marques da Silva – Bibliotecária – CRB-8/9380

É proibida a reprodução total ou parcial desta obra, de qualquer forma ou por qualquer meio eletrônico, mecânico, inclusive por meio de processos xerográficos, incluindo ainda o uso da internet, sem a permissão expressa da Madras Editora, na pessoa de seu editor (Lei nº 9.610, de 19/2/1998).

Todos os direitos desta edição reservados pela

MADRAS EDITORA LTDA.
Rua Paulo Gonçalves, 88 – Santana
CEP: 02403-020 – São Paulo/SP
Tel.: (11) 2281-5555 – (11) 98128-7754
www.madras.com.br

Dedicatória

Dedico este livro a todos os estudiosos antigos e atuais do Tarô, cujo conhecimento guia os passos e as ações de outras pessoas.
Dedico à energia da NATUREZA e, também, da MAGIA.
Dedico a todos os meus alunos e alunas dessa Jornada Mágica.
Dedico à minha família, meu mais precioso bem.

Beijos Encantados
Tânia Gori

Índice

Introdução 12
Arcanos maiores 21
Arcano 0 – O Louco 22
Arcano I – O Mago 25
Arcano II – A Sacerdotisa/Papisa 29
Arcano III – Imperatriz 37
Arcano IV – O Imperador 37
Arcano V – O Hierofante/Papa 42
Arcano VI – Os Enamorados 46
Arcano VII – O Carro 50
Arcano VIII – A Justiça 53
Arcano IX – O Eremite 57
Arcano X – A Roda da Fortuna 61
Arcano XI – A Força 65
Arcano XII – O Enforcado 69
Arcano XIII – A Morte 73
Arcano XIV – A Temperança 77
Arcano XV – O Diabo 81
Arcano XVI – A Torre 85

Arcano XVII – A Estrela 89
Arcano XVIII – A Lua 93
Arcano XIX – O Sol 97
Arcano XX – O Julgamento 100
Arcano XXI – O Mundo 103
Arcanos menores 107
Paus 111
Ás de Paus 111
2 de Paus 113
Três de Paus 115
Quatro de Paus 117
Cinco de Paus 120
Seis de Paus 122
Sete de Paus 124
8 de Paus 126
9 de Paus 128
10 de Paus 130
Pajem/Princesa de Paus 133
Cavaleiro/Príncipe de Paus 135
Rainha de Paus 137
Rei de Paus 139
Ouros 141
Ás de Ouros 141
2 de Ouros 143
Três de Ouros 144
Quatro de Ouros 146
Cinco de Ouros 148
Seis de Ouros 150
Sete de Ouros 152
8 de Ouros 154

9 de Ouros 155
10 de Ouros 156
Pajem/Princesa de Ouros 158
Cavaleiro/Príncipe de Ouros 160
Rainha de Ouros 162
Rei de Ouros 163
Espadas 164
Ás de Espadas 164
2 de Espadas 166
Três de Espadas 168
Quatro de Espadas 170
Cinco de Espadas 172
Seis de Espadas 173
Sete de Espadas 175
8 de Espadas 177
9 de Espadas 179
10 de Espadas 181
Pajem/Princesa de Espadas 183
Cavaleiro/Príncipe de Espadas 185
Rainha de Espadas 187
Rei de Espadas 189
Copas 192
Ás de Copas 192
2 de Copas 194
Três de Copas 196
Quatro de Copas 198
Cinco de Copas 200
Seis de Copas 202
Sete de Copas 204

8 de Copas 206
9 de Copas 208
10 de Copas 209
Pajem/Princesa de Copas 210
Cavaleiro/Príncipe de Copas 212
Rainha de Copas 214
Rei de Copas 216
Dicas de Tânia Gori 218
Referências Bibliográficas 221

Agradecimentos

Agradeço à eterna sabedoria, que permitiu toda a pesquisa e experiência relatadas neste Manual de Gastronomia e Tarô.

Agradeço pelo incentivo dos alunos e alunas para que esta obra fosse editada, assim como pelo abraço imediato da Madras Editora em sua publicação.

Deixo aqui um agradecimento especial à minha querida Janaina Batista, que transcreveu todo o curso de formação de Gastronomia do Tarô nesta obra, organizando-a e fazendo possível levar este conhecimento adiante.

Enfim, agradeço à Grande Mãe Terra, pelo alimento que traz a magia em nosso dia a dia.

Beijos Encantados,
Tânia Gori

Prefácio

A partir de agora vamos pensar que estamos em nossa cozinha ao pé do fogão e, assim, vamos levantar o cerne da questão: a cozinha é o coração da casa. E absorvendo essa energia, vamos começar a conversar sobre o Tarô e sua relação com os alimentos e pratos mágicos.

Vejamos o Tarô como o cheiro de biscoitos quentes, recém-saídos do forno. Retratado com a sabedoria e o deleite de uma conversa caseira em torno de uma mesa de cozinha.

Se a cozinha é o coração da casa, a Gastronomia do Tarô combina o coração físico com a inspiração espiritual para trazer à tona os aromas frescos de nossas próprias vidas, como pães assando no forno.

Os significados das cartas são baseados no estudo das obras citadas no fim deste livro.

Esta obra é um guia indispensável tanto para o praticante sério de Tarô quanto para aqueles que buscam encontrar espiritualidade em sua vida cotidiana.

Bom apetite!

Introdução

O que é o Tarô? O Tarô é o Livro da Vida, um instrumento mágico pelo qual conseguimos conselhos e direcionamentos em nossos caminhos. Uma ferramenta completa para levar você ao entendimento de seu estado atual e das tendências do momento que está vivenciando, por meio de seus símbolos, que nada mais são que representações dos arquétipos humanos.

Conforme esse princípio, você já pensou em receber um conselho do Tarô e transformar esse ensinamento em um saboroso prato mágico?

Isso mesmo... Nesta viagem que aqui proponho, estaremos mergulhando no significado de cada Arcano e transformando essas energias em um gostoso prato mágico para que você traga ao seu dia a dia cada força encantada.

Por meio desse conhecimento, com certeza, você está colocando toda a Magia dos significados dos Arcanos em seu dia a dia.

Este livro traz a correlação do Tarô com os mistérios sagrados do que há para o almoço ou jantar. A magia dos alimentos pode dar um grande empurrão para sua vida nas áreas de amor, prosperidade e até sedução.

Magicamente, usamos a força planetária dos ingredientes para fazer a combinação para reequilíbrio das áreas de nossa vida que estão desajustadas.

Em uma cozinha de Bruxa não está apenas a receita secreta de nossas antepassadas, mas principalmente a arte da alquimia dos alimentos, de nutrir, de energia em tudo que é feito no coração da casa. Sim... A cozinha é o coração da casa, onde acontece o milagre da alquimia – o preparo do alimento. Nós realmente acreditamos que a cozinha é o coração da casa. Os princípios de alcançar a consciência por intermédio da preparação e partilha de alimentos permanecem os mesmos se você vive em uma mansão ou tenda. Congratulemo-nos, então!

Na cozinha temos o equilíbrio perfeito dos quanto elementos – a Água, equilibrando nossas emoções, o Ar, para suavizar nossos pensamentos, a Terra para estabilizar nosso físico e o Fogo para nos dar ação em nosso dia a dia. Temos uma cozinha altar. O fogão é equivalente hoje aos incêndios coração de velho, no qual a maior parte da preparação dos alimentos é feita. Criar um pequeno altar com itens que podem ser movidos, conforme necessário – adicionar a estátua de uma casa ou deusa lareira, um caldeirão, ou uma vela.

Em uma cozinha mágica, é muito interessante realizar a montagem de um altar para que toda comida preparada nesse ambiente tenha harmonia e uma energia maior. Para montar o altar é muito simples, utilize uma vela, um incenso, um cristal e uma taça com água. Pronto, seu altar já está montado!

Um dos mais agradáveis métodos de proteger você e sua cozinha é cultivar um vaso de aloe vera em uma janela ensolarada dela. Essa planta alivia a dor provocada por queimaduras e arranhões; basta gentilmente cortar um talo maduro, agradecendo à planta pelo sacrifício, e espalhar o gel no local machucado.

É um costume bem antigo dedicar a primeira porção de alimento aos elementais, para que eles continuem protegendo nossa casa e as pessoas que nela vivem.

Trecho da apostila "Cozinha da Bruxa" – autoria de Patricia Fox: "Abençoada seja esta cozinha pelos poderes do Ar, do Fogo, da Água e Terra. Que esteja aquecida pela luz sagrada divina; e tudo que for feito aqui, traga cura, amor, sustento e não prejudique ninguém. Com amor, paz, criatividade e magia... estando agora e sempre completa. Que assim seja!".

Dica da Bruxa: para proteção na sua cozinha mágica, confeccione um saquinho de pano e ponha dentro cascas de alho e cebola, alecrim, louro, sálvia e pedra de sal. Protege e purifica o ambiente de energias negativas.

E a receita mais especial é uma só:

Fazer as pazes com você mesmo.

Diminuir a expectativa, e entender que felicidade não é TER.

É SER.

O que é a Bruxa da Cozinha?

Há um movimento crescente dentro paganismo moderno conhecido como Bruxaria da Cozinha.

A cozinha é, afinal de contas, o coração de muitas famílias modernas.

Quando você tem um encontro em sua casa, onde a maioria das pessoas fica? Na cozinha, é claro!

Além disso, graças a um declínio da economia, muitas pessoas mais estão na cozinha, isso fez que se tornasse novamente um lugar onde as pessoas passam horas, em vez de minutos. Portanto, não é surpresa que a Bruxaria da Cozinha tenha tido um aumento na popularidade.

Preparação da refeição como magia:

Quando você toma o momento de colocar as refeições em conjunto a partir dos ingredientes básicos, tem uma oportunidade mágica na mão.

Você pode infundir cada prato com intenção e vontade. Uma refeição pode deixar de ser algo que você despeja de uma lata e começar a ser um ritual em si.

Quando você tem tempo de preparar algo com suas próprias mãos, que lhe empresta caráter sagrado, e vai fazer você querer passar o tempo saboreando-a com sua família, em vez de apenas engolir.

Ao mudar o modo de exibição de alimentos, sua preparação e seu consumo, você pode criar um pouco de magia prática em seu nível mais simples.

Como trazer a magia para a cozinha:

Ao passo que você se tornar mais consciente de como é viver magicamente, e mais em sintonia com as suas próprias ações e atividades, você poderá, em algum momento, perceber que sua cozinha é um lugar mágico.

Há uma série de coisas que você pode fazer para melhorar a atmosfera mágica em sua cozinha. Experimente algumas ou todas estas dicas para começar:

Verifique se suas ervas são facilmente acessíveis. Se você cozinhar com elas, exiba-as em potes decorativos. Certifique-se de que não está recebendo luz solar direta, para não perderem sua potência. Se possível, tenha plantas vivas em vasos para usar durante o ano. Mantenha legumes frescos à mão, também.

Leia sobre práticas como Feng Shui para que você possa otimizar seu espaço de trabalho para o máximo de eficiência, tanto espiritual como prático.

Mantenha o espaço limpo. Muito parecido com qualquer outro espaço sagrado; limpeza física mantém limpeza espiritual. É difícil encontrar o equilíbrio em um lugar desordenado e caótico. Certifique-se de que as bancadas são varridas depois de cada refeição, mantenha a pia livre de pratos sujos e organize armários e prateleiras para facilitar o uso.

Pinte as paredes em cores reconfortantes e alegres. Escolha uma cor que faz você e sua família se sentirem bem – tons de terra são suaves, amarelos são felizes e brilhantes, e os verdes trazem prosperidade e abundância.

Mantenha obras de culinária e receitas organizadas onde você pode encontrá-las. Você pode até ter um livro especial de receitas mágicas e mantê-lo separado de seu regular Livro das Sombras.

Incorpore práticas mágicas em sua cozinha. Considere algumas delas:

- quando estiver mexendo uma receita, misture em uma só direção ou no sentido horário, dependendo do objetivo que você deseja alcançar;
- se você estiver fazendo um sanduíche, espalhe condimentos conforme seu propósito;
- quando fizer pão, adicione ervas ou especiarias correspondentes às suas necessidades mágicas.

Apesar de a Bruxaria da Cozinha estar rapidamente se tornando um termo popular, é quase um novo conceito.

Mantenha sua cozinha limpa e organizada, e você estará bem no seu caminho para o sucesso como uma Bruxa da Cozinha!

Seja bem-vinda ao mundo mágico de saborear a magia das lâminas das cartas do Tarô.

Beijos Encantados,
Tânia Gori

Rápida Introdução sobre a História do Tarô...

O Tarô é um oráculo que já foi muito estudado. Não se sabe ao certo sua origem, pois, para alguns pesquisadores, remonta ao tempo de Atlântica, outros, por sua vez, falam de suas origens egípcias.

Ao certo mesmo, sabemos que em 1120, na China, foi inventado um jogo com 30 pequenas tábuas de marfim, a pedido do imperador Huei – Song, que eram usadas como orientação para o Império Chinês.

O Tarô atualmente é composto de 78 cartas com figuras, que são chamadas de lâminas, e a cada lâmina corresponde um significado.

A palavra TARÔ pode ter vindo de duas origens:
1 – Latina: ROTA, que é um anagrama de TARO;
2 – Egípcia: TAROSH, que significa caminho real. TAR = Estrada; RO = Rei.

Segundo Jung, "O Tarô é um eficaz instrumento para que o ser humano se conheça mais".

Como falei na introdução, é importante a montagem do Altar...

Passo para iniciar o cozimento dos pratos. Fazer este ritual sempre que for preparar um prato mágico.

Montar um altar com:
Elemento Ar (Incenso, penas);
Elemento Terra (Pedras – Quartzo – Rosa Feminino);
Elemento Água (Água, conchas);
Elemento Fogo (Velas).
Agora, mãos à obra...

Outra dúvida comum a respeito do Tarô, se é Tarô ou Tarot.

Mas na verdade não existe nenhuma diferença real entre Tarot e Tarô, a não ser as regras gramaticais relativas ao idioma francês e ao português. Tarot é a forma francesa de se escrever, e Tarô a forma em português, mas ambos tratam do mesmo jogo de cartas, oráculo ou ferramenta de autoconhecimento, dependendo dos diferentes tipos e definições.

Montagem do Altar

Como vamos falar de gastronomia mágica, nosso primeiro passo para iniciar a cozinha mágica é fazer um ritual para montar um altar.

Sempre que for preparar um prato mágico, coloque perto de você:

Elemento Ar (incenso, penas);
Elemento Terra (pedras – quartzo – rosa feminino);
Elemento Água (água, conchas);
Elemento Fogo (velas).

Regras básicas para que seja uma boa leitura

As lâminas são um método de desenvolvimento mental;

Deve haver sempre um bom propósito e bom senso para interpretar as cartas;

Não esqueça de que o momento de interpretação das lâminas é um momento mágico;

Nunca abra as lâminas por brincadeira;

Nunca abra as lâminas, se estiver indisposto;

Não faça a mesma pergunta por mais de três vezes; não incomode o Cosmo com um assunto que não é a hora;

Trabalhe de bom humor. Fique à vontade e deixe a outra pessoa à vontade;

Não leia as lâminas para duas pessoas ao mesmo tempo;

Evite ler as lâminas para pessoas com menos de 16 anos. Elas ainda estão em formação física, mental e psicológica;

Esclareça sempre o seu consulente sobre o funcionamento do Tarô;

Todo assunto abordado durante a leitura deverá ser secreto;

Deixe claro que tudo pode ser modificado de acordo com a atitude do presente;

Nunca deixe a pessoa que o procurou sair pior que entrou... Procure os aspectos positivos da leitura.

A consulta de Tarô é um aconselhamento. Toda a informação deve ser confidencial e construtiva, nunca seja negativa ao dar um conselho.

Como preparar o local para sua leitura

Faça um relaxamento por uns cinco minutos;

Prepare o local: a mesa deve estar forrada com sua mandala;

Reúna os quatro elementos: Terra (pedras), Ar (incenso), Água (um copo com água e sal), Fogo (vela);

Dois tipos de perfumes (um para você e outro tipo para a pessoa que vai se aconselhar);

Para sua proteção, use um âmbar no plexo solar ou um tecido da cor amarela (sabedoria);

Faça sua "Ficha de Consulta";

Peça licença para começar a leitura;

Ao final da consulta, agradeça. Feche o Tarô com a carta do Mago em cima e a do Mundo embaixo;

Tome um banho de ervas.

Arcanos Maiores

Imagine juntar a magia que já existe na cozinha com a magia do Tarô... E, pensando nisso, apresento a vocês esse mundo mágico...

Arcano 0 — O Louco

O Louco

Sobre um pico iluminado pela luz do Sol que avança em direção a um precipício, aparece uma figura jovem em posição graciosa, como a de uma dança.

Tendo a rosa branca da pureza em uma mão e uma vara com o saco do viajante na outra, o personagem está empenhado na eterna jornada do espírito. Seus olhos estão voltados aos céus, e nos seus calcanhares um pequeno cão, símbolo dos instintos, salta alegremente. O Sol se levanta atrás dele, pois o Sol divino nunca pode alcançar o seu zênite, e ascende perpetuamente. O viajante eterno, que caminha livremente por todas as regiões da existência e que está preparado e pronto para qualquer tarefa, seja de libertação, seja de limitação, é considerado um louco, mas é senhor de Tudo.

Ele está sozinho e sem oposição. Na mão esquerda, e descansando sobre o ombro direito, ele carrega uma vara, símbolo do seu desejo e da sua vontade. A vara está ligada a uma trouxa que carrega suas experiências anteriores, a qual ele guarda, como uma propriedade valiosa, para uso futuro. O Louco rompeu com sua dependência anterior em relação à família e aos amigos. Seu rosto expressa ingenuidade e inocência.

O Louco está entrando em um mundo novo, de autoexpressão e de possibilidades ilimitadas. O saco que ele carrega também poderá ser um símbolo dos seus erros, que ele se recusa a aceitar.

Significado Divinatório

Esta carta significa loucura; irreflexão; extravagância; imaturidade; ingenuidade; irracionalidade; insegurança; frivolidade; espontaneidade; prazer; leviandade; falta de disciplina; desconsideração; precipitação; exibicionismo; arrebatamento; excessos sem limites; gastos ou atos ridículos; descuido com os compromissos; desatenção com pormenores importantes; início de uma aventura; indiscrição; tendência a ser guiado pela própria intuição.

Significado Cabalístico

- Décimo-Primeiro Caminho: de Chokmah a Kether
- O Caminho de Aleph: O Bobo
- A Carta Zero
- Cor do caminho: Amarelo-claro brilhante
- Som relacionado: Mi natural
- Significado: Boi
- Letra maternal: Ar
- Título esotérico: O Espírito do Éter
- Letra hebraica: ALEPH

O Décimo-Primeiro Caminho é a Inteligência Cintilante, assim chamado por ser a cortina colocada próximo à ordem das coisas, a qual é uma distinção que lhe foi conferida para que pudesse apresentar-se diante da Causa das Causas. O Caminho d'O Bobo liga Kether – a Origem de tudo – a Chokmah, a primeira atividade no sentido da manifestação. Aleph é atribuída a esse caminho, a letra-símbolo da unidade absoluta, segundo o Zohar.

A Aleph, a primeira das letras maternais, é atribuído o Ar, nesse sentido significando "Vida-Respiração".

Ideia Fundamental.

A pura essência da alma dá o último passo, completando a ligação consciente de todos os aspectos dos estados celestiais da divindade. Tendo se tornado um com tudo, seu futuro é o futuro de um ser cujo crescimento e esplendor não têm limite.

Lema

"Fui de Deus a Deus, até que eles gritaram de mim em mim: 'Ó Vós Eu!'" (Abu Yazid al-Bistami)

Nozes do Louco

1 xícara de óleo vegetal (Sol – Ir à busca)
½ xícara de manteiga (Sol)
½ xícara de açúcar orgânico ou mascavo (Lua – Equilíbrio)
1 colher de sopa de essência de baunilha (Vênus – Amor)
1 colher de sopa de fermento químico em pó (Lua – Prosperidade)
1 xícara de nozes (Mercúrio – Acreditar, Felicidade, Comunicação)
1 xícara de amêndoas sem casca (Mercúrio)
Sal para consagrar (Lua)

Preparo

Misturar o óleo, a manteiga e o açúcar no fogo até o ponto de caramelo, acrescentar a baunilha, a noz e as amêndoas, colocar o sal para consagrar em forma de espiral. Ir mexendo até levantar fervura. Tirar do óleo e colocar em papel absorvente e deixar escorrer. Ao esfriar, servir.

Aspectos

O Louco é uma lâmina que fica em várias posições do Tarô. Ele é um adolescente rebelde, pulsa as coisas boas, é desmiolado, mas feliz. O Louco é aquele que tem a capacidade de acreditar nos próprios sonhos.

Encantamento da lâmina

Volte a ser criança. Coloque uma roupa leve e colorida e saia soprando bolhas de sabão, brinque com crianças de amarelinha, sinta-se livre... Dance, cante, enfim, liberte sua criança interior.

Arcano I O Mago

O Mago

O Mago está em pé diante de uma mesa sobre a qual foram colocados o Pentagrama, a Taça, o Gládio e o Bastão, símbolos dos quatro elementos ou das quatro funções do eu interior. Sobre sua cabeça encontra-se a forma do número 8 em posição horizontal – o antigo número oculto atribuído a Hermes Trismegisto –, sugerindo o conhecimento esotérico e a combinação do consciente com o inconsciente em uma consumação eterna e permanente.

Sua mão esquerda erguida atrai a força do alto e, por meio da união da sua vontade com sua capacidade criativa, ele faz as coisas se manifestarem através da mão direita, que está apontando para o chão coberto de flores.

Enquanto o Eu Inferior está sendo devidamente reestruturado na mesa da vida, o Mago pode livremente extrair poder evolutivo de cima e encaminhar a vida evolutiva que vem de baixo para o seu destino celestial. Esse duplo simbolismo sugere que todas as coisas derivam do alto para criar todas as coisas sobre a terra. O Mago está tentando estabelecer sua própria identidade por intermédio da sua capacidade e criatividade.

Ele tem a capacidade de oferecer os diversos objetos que estão sobre sua mesa, de modo a conquistar o sucesso em pensamento, palavra e ação. O Mago percebe a vida como um perpétuo jogo da sorte que oferece circunstâncias sobre as quais, tendo como base as qualidades de cada um, torna possível exercer certo controle.

Significado Divinatório

O Mago significa originalidade e criatividade; habilidade para utilizar as próprias capacidades, a fim de realizar uma tarefa; imaginação; segurança; espontaneidade; perícia; força de vontade; autoconfiança; destreza; engenhosidade; flexibilidade; arte; astúcia; dominação; autocontrole; impostura; simulação enganadora; desdém; perplexidade; unidade de pensamento e emoção; capacidade para escolher o que deve fazer; determinação para ver uma tarefa cumprida até o fim; capacidade de influenciar outras pessoas.

Significado Cabalístico

- Décimo-Segundo Caminho: de Binah a Kether
- O Caminho de Beth: O Mago
- A primeira Carta
- Cor do Caminho: Amarelo
- Som relacionado: Mi natural
- Planeta: Mercúrio
- Significado: Casa
- Letra-dupla: Vida-Morte
- Título esotérico: O Mago do Poder
- Letra hebraica: BETH

O Décimo-Segundo Caminho é a Inteligência da Transparência, porque é aquela espécie de Magnificência chamada de Chazzazit, o nome do lugar de onde emana a visão dos que são vistos nas aparições (ou seja, as profecias feitas pelos videntes).

O Caminho de Beth fica entre Kether e Binah. É a transição entre a Fonte Pura e Unitária de Todas as Coisas, uma energia indefinida, e o Grande organizador, um relacionamento descrito por meio do significado da letra Beth, casa. Esta é a "habitação" do Espírito que desce em direção à densidade da manifestação. O Mago simboliza aquilo que constrói a casa, ou seja, que dirige e cerceia o Espírito Unitário, simbolizado pela carta O BOBO.

Ideia Fundamental

Da origem da forma para a essência da ausência de forma, a alma viaja enquanto conjuga poder de se ajustar à natureza da existência. Quando o entendimento atinge o coração da divindade, a iluminação suprema e o poder ilimitado tornam-se experiências da alma.

Lema

"Escutai, do profundo e insondável vórtice dessa luz dourada que banha o Vitorioso, a voz sem fala de toda a natureza se ergue em mil tons para proclamar: Regozijai-vos, Ó homens de Myalba [Terra]. Um peregrino voltou 'da outra margem'. Nasceu um novo Arhan [o liberto]. Paz a Todos os seres." (H. P. Blavatsky, *A Voz do Silêncio*, Ed. Pensamento)

Refogado do Mago

500 g de proteína texturizada de soja PTS (Sol)
Azeite (Sol)
5 dentes de alho (Marte)
1 cebola média (Marte)
1 lata de milho verde (Sol – Alegrias)
2 colheres de extrato de tomate (Júpiter – Nunca parar no meio do caminho)
Sal da Bruxa para consagrar

Preparo

Colocar a textura de soja em uma vasilha com água quente para hidratar. Aguardar cerca de 10 minutos e depois escorrer a água.

Em uma panela, fritar o alho e a cebola em um fio de azeite. Assim que a cebola estiver dourada, juntar a soja e refogar (esta é uma forma de inciativa, a união da terra, a força da magia) consagrar o refogado com o sal. Tampar a panela e aguardar a soja cozinhar. Quando estiver quase cozida, juntar no refogado o milho e o extrato de tomate. Tampar a panela e cozinhar por mais 10 minutos.

Aspectos

O Mago representa o poder dos quatro elementos. A partir daí, ele consegue realizar tudo o que quer, o que deseja. A força do Mago é a união da Terra.

Encantamento da lâmina

Faça um altar com os quatro elementos: um incenso (Ar), uma taça de água (Água), uma vela (Fogo) e um cristal (Terra). No meio, ponha a carta do Mago. Concentre-se em seu desejo. Segure o incenso e acenda o incenso na vela, dizendo: "Assim como transformo fogo em cinzas, transformo .... em ..... Ponha a vareta de incenso no suporte e deixe-a queimar até o fim. Faça por sete dias.

Arcano II — A Sacerdotisa/Papisa

A Sacerdotisa

Entre os dois pilares da luz e das trevas, ou da misericórdia e da severidade, sentada na posição de equilíbrio central, encontramos a Grande Sacerdotisa. Sobre sua cabeça está o símbolo da Lua Cheia, e sob seus pés encontramos a imagem da Lua Crescente.

O equilíbrio é mais uma vez indicado pela cruz solar de braços iguais sobre seu seio, enquanto ela retira do manto o Livro da Lei Sagrada.

Ela é guardiã intuitivamente feminina e virginal do templo dos mistérios; a senhora enigmática da noite, cujo manto azul cobre e revela a natureza das sagradas jornadas noturnas. Embora seja uma virgem, as romãs e as palmas no véu do templo atrás dela indicam a atividade das energias das polaridades masculina e feminina.

Trata-se de uma mulher grande, sugerindo um desafio à supremacia masculina. Às vezes é chamada de Ísis, antiga deusa egípcia da fertilidade, irmã e esposa de Osíris.

Ela é capaz de absorver e reter significativas quantidades de pormenores diversos e concretos, mas acha difícil projetar essas informações no cotidiano e aplicá-las de modo que sejam práticas e significativas para ela mesma. A Grande Sacerdotisa é a protetora dessa sabedoria, assim como quem distribui esse conhecimento para os outros. É uma preceptora.

Significado Divinatório

Sabedoria; julgamento correto; conhecimento sereno; sagacidade; bom senso; cultura; compreensão; serenidade; esclarecimento; objetividade; discernimento; educação; habilidade para ensinar e instruir; previsão; intuição; entendimento; percepção; segurança; emoções ocultas; ausência de sentimentos; incapacidade de partilhar; relacionamentos platônicos; tendência para evitar envolvimentos emocionais; ocasionalmente fala demais; às vezes é demasiado prática; uma boa professora.

Significado Cabalístico

- Décimo-Terceiro Caminho: de Tiphareth a Kether
- O Caminho de Gimel: A Grande Sacerdotisa
- A Segunda Carta
- Cor do Caminho: Azul
- Som relacionado: Sol Sustenido
- Planeta: Lua
- Significado: Camelo
- Letra-dupla: Paz-Guerra
- Título esotérico: A Princesa da Estrela de Prata
- Letra hebraica: GHIMEL

O Décimo-Terceiro Caminho é a Inteligência Unificadora, assim chamado porque ele próprio é a Essência da Glória. Ele é a Consumação da Verdade das coisas espirituais da pessoa.

Considerando o Caminho d'A Imperatriz, um caminho de afetuoso cerceamento (literalmente, uma volta ao útero cósmico) e proteção maternal, o Caminho d'A Grande Sacerdotisa pode parecer um tanto desconcertante. É como se a Mãe Suprema tivesse removido sua máscara sorridente para revelar sua verdadeira face, a qual, embora linda, é fria e inexpressiva. Toda a ajuda material d'A Imperatriz desapareceu.

Não há mais ilusões. Temos de enfrentar a realidade cristalina do nosso livre-arbítrio, a tarefa mais difícil dos Mistérios relacionada com a travessia do Abismo.

Ideia Fundamental

Sobre uma coluna central ou sobre o caminho direto da flecha, prosseguimos do primeiro ponto de contato entre os mundos humano e divino para o limite mais elevado da Divindade em uma perigosa jornada noturna, precariamente equilibrados nas costas de um camelo.

Lema

"O indescritível, aqui é realizado. A alma-Mulher nos leva para cima e para diante!" (Goethe: *Fausto*, parte 2).

Compota da Papisa
1 kg de açúcar orgânico (Lua – Equilíbrio)
½ pote de baunilha (Vênus – Feminino)
4 colheres de mel (Saturno – Segurança)
1 copo de água (Equilíbrio)
Damasco (Vênus/Sol – Dinheiro)
Morango (Vênus – Paixão, Sedução)
Pêssego (Vênus – Capacidade de compreender o outro)
Hibisco seco (Vênus – Desejo sexual, Realização)
Uva sem semente (Vênus – Amor verdadeiro, Sexo)
Maçã (Vênus – Conhecimento, Sabedoria)
Cereja (Vênus –Amizade Sincera, Comunicação doce)
Canela (Marte – Feminino, Afrodisíaco)
Anis (Mercúrio – Alegria)
Cravo e Coco (Marte/Lua – Proteção)
Rosa Vermelha (Vênus – Sagrado, Belo)
Sal para consagrar (Lua)

Preparo

Colocar o açúcar na panela para fazer uma calda. Assim que o açúcar estiver derretendo, acrescentar a água aos poucos para não endurecer muito. Esperar derreter todo o açúcar e juntar as frutas (pode ser feito o mel de Afrodite). Aguardar o cozimento, consagrar com o sal. Tire do fogo e sirva com sorvete.

Aspectos

Representa sabedoria, nossa capacidade de entender o oculto. Ter consciência da sua ignorância, mas ir em busca da sua sabedoria.

Encantamento da lâmina:

Sente-se em lugar relaxado e tranquilo, coloque uma música suave, visualize-se dentro de uma gruta e imagine a Sacerdotisa olhando para você. Pergunte a ela sobre o que lhe aflinge. Ela estenderá a mão e dentro haverá a resposta para seu problema. Mentalize durante sete dias ou até que ela lhe dê a resposta.

Arcano III   A Imperatriz

A Imperatriz

    Coroada com um diadema de estrelas, e segurando um cetro encimado por um globo, uma mulher majestosa vestindo um manto está sentada em uma paisagem florescente. Seu escudo em forma de coração traz o emblema de Vênus. À sua volta encontram-se inúmeras plantas associadas com a deusa-mãe, como acontece com diversos dos seus adornos.

    A fecundidade universal e a benevolência conservadora emanam desse Arcano que pretende simbolizar o portal do duplo nascimento, da alma na trilha da geração, o nascimento das coisas, dos seres e das ideias; enquanto, na trilha de volta, da regeneração, simboliza o nascimento da divindade do interior do útero da humanidade. Por essa razão, em alguns baralhos do Tarô, a Imperatriz é representada grávida.

    A Imperatriz sugere o símbolo da ação e da produtividade feminina. É uma mulher de conhecimento e de intelecto, que tem um poder, efetivamente, de pôr em uso todas as suas capacidades, tendo em vista o desenvolvimento significativo e apreciável da sua própria vida, por meio de uma abordagem direta ou, se necessário, por meios sutis.

Significado Divinatório

Esta carta simboliza o progresso feminino; ação; desenvolvimento; frutificação; fertilidade; concretização; realização; interesse pelos detalhes do dia a dia; mãe; irmã; esposa; casamento; filhos; influência feminina; riqueza material; evolução; às vezes, subterfúgio; artifícios femininos; inquietação; esbanjamento; pessoa que faz críticas; capaz de motivar os outros; um líder; toma decisões fundamentadas em todos os fatos disponíveis.

Significado Cabalístico

- Décimo-Quarto Caminho: de Binah a Chokmah
- O Caminho de Daleth: A Imperatriz
- A Terceira Carta
- Cor do Caminho: Verde-esmeralda
- Som relacionado: Fá Sustenido
- Planeta: Vênus
- Significado: Porta
- Letra-dupla: Sabedoria-Insensatez
- Título esotérico: A Filha dos Poderosos
- Letra hebraica: DALETH

O Décimo-Quarto Caminho é a Inteligência Iluminadora, assim chamada por ser a Entidade Resplandecente que criou as ideias ocultas e fundamentais da santidade e seus estágios de preparação.

A Imperatriz é o útero universal no qual toda a manifestação é gerada. Ela é um estado transicional de energia entre o Acima e o Abaixo, chamado de "Porta do Céu".

Daleth significa porta. Esta é uma porta que realiza a transição entre a Unidade e a diversidade. De fato, a chave para esta carta é a multiplicidade. Ao passo que o manto d'A Grande Sacerdotisa é idealmente simples e diáfano, o d'A Imperatriz é apropriadamente coberto com todas as joias da criação.

Ideia Fundamental

O Saber, o nosso Pai Celestial, e a compreensão, a nossa Mãe Celestial, estão unidos por um poder que é a origem máxima de todo amor, de toda afeição e de todo desejo de união. Os binários da Anima e do Animus alcançam sua união final e a humanidade transubstanciada nasce como verdadeira divindade.

Lema

"E então surgiu um grande milagre no céu; uma mulher vestida do Sol, tendo a Lua sob seus pés, e uma coroa de doze estrelas sobre a cabeça. Ela estava grávida e chorava, sofrendo as dores do parto..." (Apocalipse, 12:1-2).

Pão da Colheita

(Deusa Deméter)
2 xícaras de farinha de trigo (Lua e Sol – Prosperidade)
¼ xícara de gérmen de trigo (Sol – Fertilidade)
3 colheres de sopa de linhaça dourada (Sol – Realização dos sonhos)
½ xícara de leite em pó (Vênus)
2 colheres de sopa de mel (Lua – Equilíbrio Emocional)
½ xícara de melaço (Deméter, Coração)
2 xícaras de água (Abertura de Caminho)
20 g de fermento em pó biológico ou 8 tabletes de fermento fresco biológico (Sol)
2 colheres de manteiga (Sol – Flexibilidade)
Sal para abençoar (Lua)

Preparo

Ao misturar os ingredientes, pedir a Deméter a Iluminação, realizações e abertura de caminhos. Colocar farinha de trigo até dar o ponto.

Ao dar o ponto, cortar o pão em forma de cruz para abençoar e pedir a força dos quatro elementos. Virar o pão ao contrário e sovar mais um pouco.

Salpicar o sal em forma de pentagrama para abençoar. O pentagrama é um símbolo feminino.

Colocar o pão para crescer. Para saber quando está bom para ir ao forno, encher um copo com água, fazer uma bolinha com a massa e colocar dentro do copo. Assim que a bolinha flutuar, o pão já pode ir ao forno.

Deixar no forno pré-aquecido a 200^{oc} por volta de 30 min.

Aspectos

Simboliza a Deusa Deméter. A chave que abre os caminhos. Colheita, fertilidade, Mãe. Ela tem foco, hora de começar e hora de terminar seu projeto. Ter foco, ter objetivo concreto.

Encantamento da lâmina:

Para prosperidade, mudar de emprego ou novos projetos. Em uma quinta-feira, coloque três gotas de óleo de eucalipto na palma da mão direita e unte uma vela vermelha, sem acendê-la; depois, acenda-a, visualizando o resultado que você deseja. Ponha na sua comida uma pitada de pimenta vermelha seca e peça à Imperatriz força e autoestima para conseguir realizar seus projetos.

Arcano IV O Imperador

O Imperador

Suntuoso e imponente, o Imperador senta-se em seu trono talhado na rocha, decorado com o símbolo de Áries, o que indica força ígnea.

O poder feminino do amor e a força masculina da energia vivificante estão em equilíbrio em suas mãos, representados pelo orbe e pelo cetro.

Sentado sobre uma montanha de rocha árida, ele reina sobre o mundo da matéria e domina a força para sobrelevar-se a ela.

A ordem, a virilidade, a paternidade e a regulamentação legítima da vida estão personificadas nesse Arcano do augusto homem que se torna um deus reinante pela transmutação do poder terreno no poder espiritual do amor ilimitado.

O Imperador transpira confiança e poder de realização.

Significado Divinatório

Esta carta representa o poder mundano; realização; confiança; riqueza; estabilidade; autoridade; espírito indômito; liderança; tendências combativas.

Uma pessoa que consegue o que quer; paternidade; pai; irmão; marido; influência masculina; pressão direta; convicção; domínio da inteligência sobre a paixão e a emoção; força; figura patriarcal; firmeza; conquista de metas.

Desejo de aumentar seu domínio em todas as direções; forte desenvolvimento masculino; digno de exercer autoridade; uma pessoa capaz, conhecedora e competente, disposta a ouvir um conselho, mas que segue suas próprias convicções.

Significado Cabalístico

- Décimo-Quinto Caminho: de Tiphareth a Chokmah
- O Caminho de Heh: O Imperador
- A Quarta Carta
- Cor do Caminho: Escarlate
- Som relacionado: Dó natural
- Signo: Áries (Fogo Cardeal)
- Significado: janela
- Letra simples: Visão
- Título esotérico: Sol da Manhã, Senhor entre os Poderosos.
- Letra hebraica: HEH

O Décimo-Quinto Caminho é a Inteligência Constituinte, assim chamada porque constitui a substância da Criação na completa escuridão, e os homens têm falado nessas contemplações; ele é aquela escuridão de que falam as Escrituras, Jó, xxxviii, 9: "e o enfaixava com névoas tenebrosas".

A Inteligência Constituinte é interpretada como a primeira fase de um ciclo natural. Ela estimula o desenvolvimento de estruturas naturais, da mesma forma como "Áries produz a primavera".

Ideia Fundamental

A condição harmoniosa da iluminação permite que a alma viaje até a fonte do Amor Divino, que é o princípio paterno fecundo de toda a criação. É assim que conquistamos uma janela para a eternidade e comtemplamos nosso Pai que está nos céus.

Lema

"A virtude mais elevada, como um halo, circunda a cabeça do Imperador; e somente ele é realmente digno de praticá-la." Goethe: *Fausto*, Parte 2)

Quarteto Mágico

Primeira Etapa: Elemento Terra (Estabilidade)
100 g de *bacon* (Terra – Estabilidade) – pode ser substituído por paio ou linguiça.
2 colheres de azeite (Sol – Estabilidade, Sucesso)
1 cebola média picada (Marte – Iniciativa)
Meia cabeça de alho em rodelas (Marte – Iniciativa)
200 g de cogumelo (Terra – Iniciativa)
1 kg de carne bovina (Terra – Foco)
Sal a gosto para abençoar

Folhas de louro (Dinheiro) e manjericão (Equilíbrio dos Chacras)
1 berinjela grande em cubos (Lua – Organização, Estabilidade, Foco)

Preparo
Misturar todos os ingredientes em uma panela, menos a berinjela, pela ordem da receita. Cozinhar até a carne ficar no ponto. Reserve.

Colocar as berinjelas em uma panela à parte, colocar azeite e abençoar com o sal e deixar que murchem. Reservar.

Segunda: Etapa Elemento Água (Equilíbrio das Emoções)
2 taças de vinho seco (Sangue da Grande Mãe – Disposto a dar o seu melhor)

Preparo

2 colheres de amido de milho (Sol – disposta a organizar sua vida).
Fazer um mingau com os ingredientes. Reservar.

Terceira: Etapa Elemento Ar (Sabedoria)
2 colheres de azeite (Sol)
100 g de ervilha torta picada (Vênus)
100 g de aspargos frescos picada (Vênus)
100 g de cenoura picada (Sol e Mercúrio)
100 g de pimentão 3 cores (Marte)
100 g de azeitonas sem caroço (Vênus)
1 kg de tomate (Júpiter – Positivismo)
Sal a gosto para consagrar (Lua)

Preparo

Misturar todos os ingredientes na panela e consagrar com o sal. Não cozinhar muito para ficar crocante. Reservar.

Quarta: Etapa Elemento Fogo
Vários tipos de pimentas (Marte)
Gengibre em rodelas (Sol)
Amêndoas (Mercúrio)
Damascos (Sol)

Montagem do Prato

Colocar em uma travessa de vidro as berinjelas como se fosse uma cama, colocar por cima da berinjela a carne (Terra). Por cima da carne os legumes (Ar), em cima dos legumes, colocar as pimentas, o gengibre, as amêndoas e os damascos (fogo) e em cima das pimentas, colocar o mingau (Água).

Levar ao forno por volta de 20 min.

Aspectos

O Imperador representa poder, foco, profissão, organização do dia a dia.

Encantamento da lâmina:
Encha meia casca de ovo com terra e plante uma semente de girassol; no momento do plantio, mentalize: vou plantar essa semente, que representa meu sonho, nesta terra fértil, e a força do Imperador trará uma colheita de amor, criatividade e harmonia.

Arcano V — O Hierofante/Papa

O Hierofante/Papa

Trajado com as vestes eucarísticas de um supremo pontífice, e sentado em um trono que fica entre os dois pilares dos opostos, o hierofante ergue sua mão direita em uma bênção de suprema autoridade, ao passo que sua mão esquerda empunha a cruz patriarcal dos quatro elementos. As chaves cruzadas do reino duplo do céu e da Terra, bem como o Eu Superior e o Eu inferior do homem, adornam a plataforma do trono do hierofante, enquanto dois padres tonsurados se ajoelham diante dele, simbolizando a natureza intelectual e de desejo do homem, ambas dedicadas, nesse caso, ao serviço do amor e da graça divinos.

O Hierofante representa tudo o que é ortodoxo e tradicional, até mesmo ao ponto da ineficácia. A herança e os símbolos do passado frequentemente são mais importantes que o utilitarismo e a necessidade de mudança indispensável no presente.

Significado Divinatório

Ritualismo; cerimonial; clemência; atos de submissão; bondade; benevolência; perdão; inspiração; aliança; compaixão; inatividade; falta de convicção; timidez; reserva evidente; escravidão às próprias ideias; uma pessoa à qual se pode recorrer; condescendência; um líder religioso ou espiritual.

Às vezes, essa pessoa é incapaz de se adaptar a novas circunstâncias e a situações de mudanças.

Tendência para se agarrar a princípios e ideias antigos, mesmo que já estejam superados. Uma pessoa com um profundo senso de importância histórica e um apreço sincero pela herança do passado.

Significado Cabalístico

- Décimo-Sexto Caminho: de Chesed a Chokmah
- O Caminho de Vau: O Hierofante
- A Quinta Carta
- Cor do Caminho: Laranja-avermelhado
- Som relacionado: Dó Sustenido
- Signo: Touro (Terra Fixa)
- Significado: Prego ou Gancho
- Letra simples: Audição
- Título esotérico: O Mago do Eterno
- Letra hebraica: VAV

O Décimo-Sexto Caminho é a Inteligência Triunfal ou Eterna, assim chamado porque é o prazer da Glória, além da qual não existe outra Glória igual a ela, e que também é chamado de Paraíso preparado para os justos.

O Caminho do Hierofante, Vau, estende-se de Chesed a Chokmah, e é o Caminho mais elevado do Pilar da Misericórdia. Os documentos da Aurora Dourada dizem que ele é "O Zodíaco atuando sobre Júpiter através de Touro", o que pode parecer simplista, mas é uma descrição bastante precisa. Esta é a ação de Chokmah, na qualidade de potencial espermático do universo manifestado, sobre a primeira manifestação. Chokmah é o Pai Supremo e Chesed é o Pai na Manifestação. Chokmah é o Yod do Macroprosopus; Chesed é o Yod do Microprosopus.

A ideia de que o Hierofante está relacionado com a memória poderia ser considerada à luz do significado da palavra Vau, que significa prego ou gancho. Um prego junta coisas, unifica, sugerindo que uma função básica de O Hierofante consiste em ligar Microprosopus a Macroprosopus, ou seja, o Grande Universo à manifestação.

Ideia Fundamental

Unindo os princípios do Amor e da Sabedoria, esse caminho simboliza a elevada iniciação do Amor Divino, ou da compaixão autêntica, o que faz com que o iniciado tenha a obrigação de ser um administrador impessoal e extremamente magnânimo da graça e do poder celestiais, o construtor de uma ponte entre Deus e o homem.

Lema

"Sacerdote e vítima, vaticinados pelos antigos símbolos e profecias, nós comtemplamos a vossa encarnação." *(Uma ladainha católica de Bênção Solene)*

Brócolis Papal

1 cebola média (Marte)
Azeite (Sol)
1 maço de brócolis (Lua – tem forma de árvore, traz fé para lutar pelo que se acredita).
½ kg de mandioquinha cozida (Sol)
Sal da Bruxa para temperar (Lua)

Preparo

Em uma panela, fritar a cebola no azeite, juntar os brócolis e a mandioquinha e consagrar com o sal. Cozinhar cerca de 10 minutos. Sirva ainda quente.

Aspectos

O Papa representa a espiritualidade, a união com a fé. Ele também é manipulativo.

Encantamento da lâmina:
Encontre cinco pedras e forme uma cruz em algum lugar da sua casa. Borrife água salgada na pedra do centro, dizendo que consagra esse lugar, para sua meditação. Use esse espaço mágico para encontrar suas respostas.

Arcano VI **Os Enamorados**

Os Enamorados

    As figuras nuas de um homem e de uma mulher encontram-se em campo aberto, enquanto um anjo flutua acima. O homem representa o Animus (o componente masculino da alma), ao passo que a mulher representa a Anima (o componente feminino) dentro de um indivíduo. Os dois devem se harmonizar e se unir de uma maneira adequada, e isso deve ser feito por meio da orientação angelical. Por trás da mulher encontra-se a árvore do conhecimento do bem e do mal, que simboliza a natureza vivente (*eros*), ao passo que atrás do homem há uma árvore em chamas, símbolo da natureza intelectual-espiritual (*logos*). Uma alta montanha aparece em segundo plano, indicando ascensões mais elevadas que o par deverá empreender junto. O Sol do meio-dia da iluminação divina brilha ao alto, alentando tanto as naturezas humanas quanto as angelicais.

Significado Divinatório

Amor; beleza; perfeição; harmonia; unanimidade; provações sagradas; confiança; fé; honra; começo de um possível romance; paixão; sentimento profundo; tendência para o otimismo; desatenção a possíveis consequências; a pessoa está se deixando conduzir; liberdade de emoção; necessidade de experimentar ou de se submeter a provas; luta entre o amor sagrado e o amor profano; submissão a uma prova ou exame; ficar sob observação; desejo ardente; tentativa; possíveis dificuldades.

Uma pessoa profundamente envolvida nas emoções e problemas de um amigo ou de um parente. Um assunto de consequências significativas.

Significado Cabalístico

- Décimo-Sétimo Caminho: de Tiphareth a Binah
- O Caminho de Zain: Os Amantes
- A Sexta Carta
- Cor do Caminho: laranja
- Som relacionado: Ré natural
- Signo: Gêmeos (Ar mutável)
- Significado: Espada ou Armadura
- Letra simples: Olfato
- Título esotérico: Os Filhos da Voz; O Oráculo dos Deuses Poderosos
- Letra hebraica: ZAIN

O Décimo-Sétimo Caminho é a Inteligência da Eliminação, que proporciona Fé aos Justos, que são revestidos por ele com o Espírito Santo. Este Caminho é considerado o Alicerce da Excelência na esfera das coisas Superiores.

O Caminho de Zain, entre Binah e Tiphareth, liga a consciência pura, da qual as formas emergiram, ao ponto central de toda manifestação, uma complexidade que pode apenas ser sugerida pela imagem de uma carta do Tarô. Talvez seja por isso que o desenho da carta tenha se modificado ao longo dos séculos. O Conceito original de O Amante é muito profundo, pois esta carta não representa o amor mundano entre duas pessoas. Ela, na verdade, representa as dualidades de um único indivíduo obstinadamente empenhado na busca do Amor Divino. A observação de Crowley de que a carta deveria ser chamada "Os Irmãos" é bastante apropriada. De fato, o verdadeiro significado da carta está contido no seu signo do Zodíaco, Gêmeos. As energias duais que o Amante se propõe a unir são iguais e opostas, ou seja, gêmeas. A união desses gêmeos é um grande passo à divindade na Árvore da Vida.

Ideia Fundamental

De uma posição de iluminação equilibrada, a consciência agora se dirige ao estado restritivo e frequentemente doloroso do entendimento profundo. Tal experiência pode ser melhor enfrentada se os opostos interiores da alma estiverem plenamente harmonizados e se a orientação permanente do Eu Superior (o Sagrado Anjo da Guarda) estiver disponível.

Lema

"Quando transformados o masculino e o feminino em um só, de forma que o masculino não seja masculino e o feminino não seja feminino, então entrareis no Reino dos Céus." (O Evangelho de Tomás; Logion, 22)

Vísceras da Paixão

Azeite (Sol)
1 cebola média (Marte)
Pimenta calabresa (Marte)
1 kg de fígado (pode ser coração ou moela) (Terra)
1 lata de extrato de tomate (Júpiter)
1 lata de tomate sem pele (Júpiter)
Sal da Bruxa para consagrar (Lua)

Preparo

Fritar a cebola no azeite, acrescentar a pimenta e o fígado, cozinhar bem com a própria água do fígado. Após cozinhar, acrescentar o extrato de tomate, os tomates sem pele e o sal para consagrar.

Aspectos

Os Enamorados representam a dúvida, a intuição, o livre-arbítrio. Apresentam dois caminhos: o caminho do amor e o caminho da dor. Ele fala das paixões. A escolha deve ser feita com paixão. É a redução do Diabo, ou seja, tem que ter paixão, fogo. O positivo dos Enamorados é escolher o seu caminho.

Encantamento da lâmina

Passe em uma vela rosa essência de rosas, e uma vela azul, essência de jasmim. Acenda as duas velas juntas, amarrando-as com uma fita rosa ou azul. Coloque aos pés das velas um pingente de quartzo-rosa e mentalize o amor que deseja conseguir. Use o pingente diariamente.

Arcano VII   **O Carro**

O Carro

Um guerreiro real, vestido em armadura, viaja em um carro de guerra puxado por duas esfinges, uma clara e uma escura, que representam os opostos da existência manifestada. O bastão da vontade em suas mãos doma as bestas dos opostos. Um dossel de estrelas sobre sua cabeça e as luas crescentes nos seus ombros indicam que ele conhece a força das influências celestes e a utiliza. O carro conduzido por ele possui quatro cantos, indicando o quádruplo Eu humano inferior; ao passo que, para trás dele, a silhueta de uma cidade cercada por muralhas mostra que ele deixou o mundo da forma para conquistar as regiões inexploradas do poder divino sem forma. Um poder firme e irreversível emana desse Arcano, mostrando a alma que se concentra na conquista do reino celestial.

Significado Divinatório

Esta carta sugere perturbações e adversidades, possivelmente já superadas; influências conflitantes; agitação; vingança; sucesso; possível viagem ou jornada; fuga; fugindo da realidade; precipitando-se na tomada de uma decisão; cavalgando na crista da onda do sucesso ou da popularidade; perplexidade; necessidade de supervisão. É preciso ficar atento aos detalhes. Urgência na conquista do controle das próprias emoções. Esta carta sugere que é possível alcançar uma posição eminente quando as forças físicas e mentais são mantidas em equilíbrio e postas efetivamente em ação. Tendência para misturar o trabalho duro com épocas de produtiva solidão.

Significado Cabalístico

- Décimo-Oitavo Caminho: De Geburah a Binah
- O Caminho de Cheth: O Carro
- A Sétima Carta
- Cor do Caminho: Vermelho-alaranjado
- Som relacionado: Dó Sustenido
- Signo: Câncer (Água Cardeal)
- Significado: Cerca, cercado
- Letra simples: Fala
- Título esotérico: A Filha dos Poderes da Água; o Senhor do Triunfo da Luz
- Letra hebraica: CHETH

O Décimo-Oitavo Caminho é chamado de Casa da Influência (pela vastidão de cuja abundância é aumentado o influxo de coisas boas sobre as criaturas), e, no meio da investigação, os arcanos e sentidos ocultos que habitam em sua sombra e sobem até ele são arrancados da causa de todas as causas.

O Caminho d'O CARRO vai de Geburah (Força) a Binah, a Grande Mãe na Árvore da Vida. É o mais elevado e, portanto, o mais profundo Caminho do Pilar da Severidade. É também a terceira iniciação da série O EREMITA, A FORÇA E O CARRO, significando que é uma experiência introdutória ao Eu Supremo Espiritual.

Ideia Fundamental

Esse caminho é extremamente poderoso, pois liga dois rigorosos princípios. A não ser que atenuemos as nossas experiências de poder implacável, enquanto o percorrermos ficaremos tentados a nos tornar arrogantes com o poder e propensos a empregá-lo incorretamente. É, portanto, importante nesse ponto que estejamos conscientes da necessidade de sermos altruístas, compassivos e completamente dedicados à Vontade Onipotente que se realiza em nós.

Lema

"Tomai para vós toda a armadura de Deus, para que possais resistir no dia do mau e, havendo feito tudo, ficar firmes." (Efésios, 6:13)

Arroz da Vitória

Azeite (Sol)
1 cebola média (Marte)
5 dentes de alho (Marte)
Flores de calêndula (Sol – abertura dos caminhos da prosperidade, do dinheiro) – usar apenas as pétalas, tirar o miolo.
3 xícaras de arroz (Lua)
2 colheres de chá de açafrão da terra (Sol)
Sal para abençoar (Lua)
6 xícaras de água (Equilíbrio)

Preparo

Fritar a cebola e o alho no azeite. Juntar o arroz, a calêndula e o açafrão. Temperar com o sal da Bruxa, abençoando.
Deixar secar toda a água e servir.

Aspectos

Direcionamento e vitória.

Encantamento da lâmina

Para conseguir ajuda e proteção em uma batalha, relaxe, feche os olhos e veja uma luz branca envolvendo toda a sua pessoa. Sinta-se fortalecido por dentro e por fora, visualize atingindo sua meta. Visualize-se recebendo vários elogios e saiba que sua força de vontade e determinação o levarão para a vitória. Após a mentalização, tomar um banho de jasmim.

Arcano VIII   A Justiça

A Justiça

A figura da Justiça está sentada em posição de equilíbrio entre os dois pilares das polaridades opostas. Ela representa a Justiça divina, com os olhos desvendados, diferentemente da justiça humana, que é cega. Sua espada está levantada como símbolo da sua severidade potencial. Com sua mão esquerda, segura a balança do julgamento imparcial. Tudo se revela aos olhos abertos dessa figura, e a espada do carma na sua mão direita punirá inevitavelmente toda imperfeição e todo egoísmo. O passado e o presente são pesados na balança dourada; se o peso cármico estiver em equilíbrio, o progresso estará assegurado ao peregrino. A imagem transmitida por esse Arcano é imparcial, firme, contudo essencialmente benéfica.

Significado Divinatório

Probidade; racionalidade; justiça; equilíbrio adequado; harmonia; equidade; integridade; virtude; honra; virgindade; recompensa justa; desejo sincero; boas intenções; ações bem-intencionadas; conselhos; satisfação consigo mesmo. O resultado eventual quer favorável, quer desfavorável, será verdadeiramente justo para a pessoa envolvida. Equilíbrio; estabilidade; imparcialidade. É capaz de perceber a tentação e de evitar o mal. Esta carta sugere uma pessoa que reage favoravelmente à boa natureza dos outros. Alguém que não tira vantagem desonesta de uma situação.

Significado Cabalístico

- Vigésimo-Segundo Caminho: de Tiphareth a Geburah
- O Caminho de Lamed: A Justiça
- Cor do Caminho: Verde-esmeralda
- Som relacionado: Fá Sustenido
- Signo: Libra (Ar Cardeal)
- Letra simples: Trabalho
- Título esotérico: A Filha dos Senhores da Verdade; o Controlador da Balança.
- A Décima-Primeira Carta
- Letra hebraica: LAMED

O Vigésimo-Segundo Caminho é a Inteligência Leal, assim chamada porque através dela as virtudes espirituais são aumentadas, e todos os habitantes da Terra estão praticamente sob sua sombra.

O Caminho de Lamed, A Justiça, está entre Tiphareth e Geburah. Lamed significa aguilhão, uma vara pontiaguda que estimula o boi a continuar andando. Esta atribuição indica o relacionamento especial desta letra com Aleph (boi) no Caminho de O BOBO.

A Justiça atua continuamente acima e abaixo, no Universo Maior e na alma individual. Fazendo uma comparação mais mundana: quando dirigimos um veículo estrada abaixo, A Justiça são as correções que fazemos ao girar o volante para um lado e para outro, a fim de manter o veículo no centro da pista. Esta função deliberadamente equilibradora ocorre no nosso corpo, no qual a alimentação deve ser equilibrada e contínua para mantê-lo operando como um repositório apropriado para o Espírito. Uma função equilibradora também ocorre na nossa personalidade; nenhum comportamento extremo constante pode ser tolerado sob pena de não podermos operar de forma eficaz em nossos ambientes. A Justiça opera tanto por meio da razão como por meio da força natural. Temos a capacidade de decidir a equilibrar alguma coisa dentro de nós mesmos; se não tomarmos esta decisão, porém, ela será tomada por nós. O mesmo processo ocorre em todos os níveis da Justiça. Se não tomarmos uma decisão consciente, ela poderá ser tomada por nós. Seja como for, esta Inteligência é "Leal", nos guia e nos protege.

Ideia Fundamental

Da estação da beleza equilibrada vamos para o princípio da severidade e, ao fazermos isso, as forças cármicas da purificação nos submetem a um completo processo de julgamento.

Lema

"Não vos enganeis: de Deus não se zomba; pois aquilo que o homem semeia, isso também colherá." (Gálatas, 6:7)

Torta da Justiça

Alimentação que simboliza os dois lados

Champanhe (Lua) – Equilibra as emoções
2 caixas de bolacha champanhe (Sol)
2 colheres de sopa de amido de milho (Sol)
2 gemas (Sol)
1 lata de leite condensado (Vênus)
100 g de damasco (Sol) – Iluminação, bem-estar, realização, verdade
50 g de amêndoas (Mercúrio) – faz com que você tenha a palavra certa na hora certa
100 g de amendoim torrado com sal (Mercúrio) – Comunicação
Morangos (Vênus, amor) – para ser justo é preciso amor incondicional
Coco ralado – protege contra os inimigos (Lua)

Preparo

Misturar as gemas, o leite condensado e o amido de milho. Fazer camadas com as bolachas e cobrir com o creme e morangos. Por último, cobrir com as bolachas e levar ao forno por cerca de 15 minutos.

Após tirar do forno, cobrir com *chantilly* ou suspiro, coco ralado e morangos.

Aspectos

Deusa Minerva (aprendizado).

A Justiça é lenta, demorada. Não tem que ser bom nem mal, tem que ser justo. Uma pessoa justa não tem dificuldades.

Encantamento da lâmina

Sente-se confortavelmente. Feche os olhos. Coloque uma música suave. Relaxe. Beba um copo de água e continue meditando; deixe seu corpo fazer movimentos livres acompanhando, assim, a música. Terminando a canção, permaneça alguns instantes parado, sem pensar.

Arcano IX	O Eremita

O Eremita

No topo de uma montanha coberta de neve, em solitário esplendor, um eremita usando um manto e um capuz está em pé segurando a lamparina do espírito e apoiando-se no cajado da intuição. Ele veste o manto da discrição, e mostra reservadamente o caminho àqueles que ousam segui-lo. Ele trilha o caminho do voo do solitário para o solitário, mas do seu experiente exemplo dependem inúmeros aspirantes à iniciação nos mistérios do espírito. Ele não é mais um homem do mundo, porém não está ainda junto dos deuses. Assim, sua solidão é inacreditavelmente grande e extremamente gloriosa.

Significado Divinatório

Informação; conhecimento; solicitude; prudência; discrição; cautela; vigilância; espírito de sacrifício; retraimento; recuo; deserção; anulação; falta de sinceridade; ausência de expressão; um solitário ou uma pessoa incapaz de partilhar com outras pessoas; enganoso; tendência para esconder emoções; medo de ser descoberto. Tendência para delongar-se complacentemente dentro dessa riqueza de conhecimento, como se ela fosse algo de muito valor, sem conseguir utilizar as informações para atingir um objetivo ou uma aplicação.

Significado Cabalístico

- Vigésimo Caminho: de Tiphareth a Chesed
- O Caminho de Yod: O Eremita
- A Nona Carta
- Cor do Caminho: Verde-amarelado
- Som relacionado: Fá Natural
- Signo: Virgem (Terra Mutável)
- Significado: Mão
- Letra simples: Amor sexual
- Título esotérico: O Profeta do Eterno, o Mago da Voz do Poder.
- Letra hebraica: YOD

O Vigésimo Caminho é a Inteligência da Vontade, assim chamado porque constitui os meios de preparação de todas as coisas criadas, sendo que, a partir dessa inteligência, a Sabedoria Primordial se torna conhecida.

O Caminho de Yod liga Tiphareth (o núcleo Cristo-Buda) a Chesed (o Arquiteto da Manifestação). Em suma, representa o começo independente da manifestação. Ele é o próprio ponto de origem de nosso Universo manifesto, em contato direto com a Fonte Divina de Todas as Coisas. É o Caminho através do qual o Demiurgo escapa da escuridão. É a chegada da Luz da manifestação através de Microprosopus. Como quer que O EREMITA possa ser descrito, trata-se fundamentalmente de uma carta de união. Ela representa o primeiro ponto de consciência, por parte do Eu Superior, a respeito do Supremo Eu Espiritual, explicável apenas com o auxílio da mais erótica das imagens. Esta ideia é apoiada pelo Sepher Yetzirah, o qual atribui o amor sexual à letra simples Yod. Todavia, esta não é a sexualidade da cópula, pois a carta é a essência do isolamento e da singularidade. A "sexualidade" é autossuficiente e independente, uma qualidade descrita criticamente nos documentos da Aurora Dourada como "Prudência".

Ideia Fundamental

Do amor humano, sacrificado sobre o altar da beleza, prosseguimos para o amor divino que tudo sustenta, suportando assim a solidão daquele que sacrificou tudo o que era, sem ter ainda se transformado no que será.

Lema

"Mantém-se só e isolado, porque nada que está materializado, nada que tem consciência da separação, nada que não seja eterno, pode vir em teu auxílio." (*Luz no Caminho*, Cap. I – Mabel Collins.

Refogado do Eremita

Azeite – a lanterna do Eremita (Sol)
Cebola (Marte)
Batata – intuição, sabedoria, prosperidade (Lua)
Pimentão verde – sabedoria (Marte)
Pimentão vermelho – amor (Marte)
Tomate (Júpiter)
Sal, orégano, alecrim, salsinha e cebolinha

Preparo

Depois de cozinhar as batatas, tirar a casca pedindo que as dificuldades vão embora.

Acrescentar o sal, orégano, os pimentões, alecrim, salsinha e cebolinha. Em uma panela, fritar a cebola no azeite e colocar sobre as batatas.

Aspectos

Iluminação, sabedoria e conhecimento (Lua Minguante).

Arroz de Lua Minguante

    4 copos de arroz (Lua)
    8 copos de água (Água)
    1 cebola picada (Marte)
    Azeite (Sol)
    Sal (Lua)
    Salsinha (Saturno) – tira dificuldades
    Cebolinha (Marte) – dá força
Berinjela em conserva (Lua Minguante) – limpeza e purificação

Preparo

Fritar a cebola no azeite, acrescentar salsinha, cebolinha, berinjela em conserva, o arroz e a água. Abençoar com o sal e pedir que as dificuldades vão embora.

Encantamento da lâmina

Ponha em uma tigela um pouco de terra, coloque algumas pedras e leve para dentro de sua casa. Acenda uma vela azul. Escolha um livro qualquer, ponha-o no colo e abra-o em silêncio, mentalize a pergunta ou dúvida e leia a página que você abriu.

Escute e leia as entrelinhas, nelas você encontrará a resposta de sua pergunta ou dúvida.

Arcano X   # A Roda da Fortuna

A Roda da Fortuna

Suspensa no espaço e circundada pelas quatro bestas simbólicas dos elementos que representam as funções psicológicas da sensação, da emoção, do pensamento e da intuição, a Roda (ROTA) da Fortuna gira. Descendo sobre o arco da geração, vemos uma serpente, ao passo que, subindo na regeneração, encontramos a figura de Anúbis com cabeça de chacal, o deus da mentalidade iluminada. O princípio da harmonia e do equilíbrio rege a roda na forma de uma esfinge armada com uma espada.

Os três círculos que constituem a roda mostram o Eu Superior, trino, que é composta da vontade, do amor e da ideação criativa. Os símbolos alquímicos que formam os aros da roda indicam a transmutação da alma dentro do confuso processo de mudança.

Significado Divinatório

Destino; fortuna; resultado; felicidade; acontecimento afortunado; ganho especial ou perda fora do comum; conclusão; consequência. Chegando ao fim de um problema. Benefício ou malefício, dependendo das influências das outras cartas próximas. Acontecimentos inesperados poderão vir a ocorrer. Aquilo que foi, é e será não sofrerá modificações se a pessoa não estiver atenta para uma oportunidade inesperada.

Significado Cabalístico

- Vigésimo-Primeiro Caminho: de Netzach a Chesed
- O Caminho de Caph
- A Roda da Fortuna: A Décima Carta
- Cor do Caminho: Violeta
- Som relacionado: Lá Sustenido
- Planeta: Júpiter
- Significado: Punho
- Letra-dupla: Riqueza-Pobreza
- Título esotérico: O Senhor das Forças da Vida
- Letra hebraica: KAPH

O Vigésimo-Primeiro Caminho é a Inteligência da Conciliação, assim chamada porque recebe a influência divina que flui para dentro dela a partir de sua bênção sobre tudo o que existe.

O Caminho de Caph, a Roda da Fortuna, vai de Chesed a Netzach. Ele é o Caminho que faz a ligação entre a Personalidade e o Eu Superior, no Pilar da Misericórdia, abaixo de Chokmah.

A palavre Kaph significa punho. A mão fechada simboliza o claro entendimento e, também, a conclusão de uma atividade ou o fechamento de um círculo. Nesse sentido, Kaph é a mantilha que envolve a dançarina na carta O Universo (O Mundo). Além disso, veremos também que, sendo Kaph a mão fechada, a carta que a precede, O EREMITA (Yod), é a mão aberta.

A roda, tão importante para este Caminho, é um símbolo muito amigo da própria vida, sendo que seu giro, em alguns sistemas, é uma oração. Ela é a roda do nascimento, da morte e do renascimento. É a roda do carma. Todavia, positivamente, não é uma roda de acasos ou acidentes. Não existem acidentes no Universo, verdade que constitui uma das principais lições desta carta. Somos os únicos responsáveis pelo nosso próprio destino. A fortuna nos proporciona aquilo que recebemos, o que nem sempre é agradável.

A chave para a RODA DA FORTUNA é a dualidade e o intercâmbio de energias entre os opostos, os quais, afinal de contas, fazem a roda girar. A roda é a atividade de toda manifestação, conforme é simbolizado pelos 12 raios na versão da Aurora Dourada.

Ideia Fundamental

Ao avançarmos do destino inferior da emoção humana para o destino Superior da Benevolência Divina, podemos nos considerar de fato afortunados, porém, somente se tivermos aprendido a conciliar as funções quádruplas da nossa personalidade e a integrá-las, e se formos sempre regidos por um equilíbrio perfeito.

Lema

"Eis que... seu galardão vem com ele, e diante dele está seu trabalho. Quem mediu as águas na concha da mão e tomou a palmos a medida dos céus." Isaías, 40:10, 12

Pizza da Vida

1 kg de farinha de trigo (Sol)
1 pacote de fermento biológico para pão (15 g) (Lua)
1 xícara (chá) de azeite (Sol)
1 xícara (chá) de leite (Vênus/amor)
Extrato de tomate (Júpiter)
Muçarela ralada (Sol)
Calabresa (Cernunos)
Cogumelo (Bênçãos dos Gnomos)
Orégano (Mercúrio) – Alegria
Sal para abençoar (Lua)

Preparo

Misturar a farinha de trigo, o fermento, o azeite e o leite até formar uma massa, como se fosse fazer pão (se possível, usar uma vasilha de cobre, pois este traz toda a magia feminina, a capacidade da criação); abençoar com sal.

Fazer pequenos pães redondos como uma minipizza, colocar em uma assadeira, cobrir com o extrato de tomate pedindo para Júpiter iluminar seu caminho. Cobrir com muçarela ralada, calabresa, cogumelo e, por último, orégano.

Aspectos

Simboliza as mudanças em nossa vida (ter paciência quando a Roda estiver em baixa e tomar cuidado quando estiver em alta.

Encantamento da lâmina

Faça este encantamento em uma noite de Lua Nova. Acenda três velas de altar (laranja) e um incenso. Medite na carta da Roda da Fortuna, com as rodas girando sem parar, e recite pausadamente: "Deusa da Sorte, atenda-se enfim ..." (faça seu desejo).

Arcano XI — A Força

A Força

Uma figura feminina enfeitada com flores e coroada com o símbolo do infinito segura nas mãos a juba de um leão, cuja boca está para fechar ou para abrir. A mulher veste o branco da pureza e da pura força espiritual, ao passo que o leão é vermelho, o que indica paixão e energia emocional. O poder exercido pela mulher sobre o animal é evidentemente de caráter espiritual e não de força bruta, e seu domínio sobre ele parece ser tranquilo. A eternidade concede a ela uma força que não é deste mundo.

Significado Divinatório

Força; coragem; força moral; convicção; energia; determinação; resolução; resistência; ação; percepção das tentações e das capacidades físicas e mentais para superá-las; confiança; habilidade inata; zelo; fervor; força física. A matéria dominando a mente e, alternativamente, a mente dominando a matéria, dependendo das circunstâncias. Realização. À custa de consideráveis perigos, a pessoa consegue o que quer. Forças ocultas em atividade estão sendo desafiadas. Heroísmo. Força para resistir, a despeito de todos os obstáculos. Esforços incansáveis. Triunfo do amor sobre o ódio. Libertação.

Significado Cabalístico

- Décimo-Nono Caminho: de Geburah a Chesed
- O Caminho de Teth: A Força
- A Oitava Carta
- Cor do Caminho: Amarelo-esverdeado
- Som relacionado: Mi natural
- Signo: Leão (Fogo Fixo)
- Significado: Cobra
- Letra simples: Sabor
- Título esotérico: A Filha da Espada Flamejante
- Letra hebraica: *Teth*

O Décimo-Nono Caminho é a Inteligência de todas as atividades e seres espirituais, sendo assim chamado por causa da abundância difundida por ele a partir da mais elevada bênção e da mais sublime glória.

Para o Caminho d'A Força são atribuídos a letra hebraica Teth e o mais poderoso signo do Zodíaco, Leão. Teth segnifica cobra, e a permutabilidade entre o simbolismo do leão e da cobra é importante para o significado desta carta. Como os símbolos se alternam, compreendemos que as realidades que eles representam também podem ser permutadas. O Espírito Unitário assume qualquer forma que ele queira, o que é uma importante lição deste Caminho. A ideia é claramente expressa no *Zohar*: "Os três princípios elementares da Natureza são o Fogo, o Ar e a Água. Na verdade, eles são uma só função e uma só substância, podendo se transformar um no outro. O mesmo acontece com o Pensamento, a Fala e o *Logos*: eles são todos uma única e a mesma coisa".

Ideia Fundamental

O equilíbrio ou a ligação da misericórdia com a severidade dá-se quando a besta interior é domada e seu poder se volta a serviço das finalidades do espírito.

Lema

"Ó Leão, ó Serpente que destruís o destruidor, sede forte entre nós!" (De uma Missa Gnóstica)

Frango do Carinho

1 kg de filé de peito de frango – o frango simboliza a força sem agressão (Terra)
Azeite (Sol)
4 cabeças de alho (Marte)
Alecrim – Tira mágoas (Mercúrio)
Pimenta cambuci ou dedo-de-moça (Marte) – Força
Mostarda (Sol/Saturno)
Alcachofras pequenas cozidas – Delicadeza (Vênus)

Preparo

Fritar o filé de frango com um pouco de azeite. Reservar.

Em uma assadeira, colocar o azeite, as quatro cabeças de alho com casca e o alecrim. Levar ao forno até que o alho cozinhe. Reservar.

Em uma panela, fritar a pimenta e acrescentar mostarda.

Em uma travessa, colocar os filés de frango e as alcachofras cozidas, cobrir com o refogado de pimenta e, por cima, o alho assado.

Ao comer, tirar a casca do alho mentalizando o pedido para levar embora suas dificuldades de realização.

Aspectos

Essa receita traz a realização do que você precisa, com força, mas delicadeza.

Encantamento da lâmina

Queime algumas folhas secas de sálvia em um prato de metal, para retirar a negatividade do ar. Feche os olhos e reze para seu anjo da guarda pedindo força e realização de seu desejo.

Arcano XII — O Enforcado

O Enforcado

Um homem jovem, suspenso por um pé em uma árvore em forma de T. A estrutura também poderá ser uma espécie de patíbulo, sugerindo um aviso. Os pés do homem estão amarrados com uma corda grossa e ele tem as mãos atadas nas costas. Seus braços, dobrados atrás das costas, formam, com a cabeça, um triângulo com o vértice voltado para cima; enquanto sua perna direita cruzada por trás da perna esquerda, forma um triângulo com o vértice voltado para baixo. Ele está assim arraigado ao céu e parece existir em uma condição antinatural, contrária ao mundo. Seus olhos estão abertos e ele está plenamente consciente daquilo que o rodeia. No Enforcado, vemos o momento de suspensão, no qual a verdade e a compreensão são reveladas. O manto do segredo é removido. O Eu interior é exposto.

Embora o homem ainda esteja acorrentado à terra, ele já alcançou, a seu modo, certa medida de alívio por meio da suspensão e da transição da sua vida. O jovem oscila entre os momentos de decisão. Os eventos do passado são mesmerizados na calma presente, antes dos redemoinhos do futuro, que estão à espera logo à frente.

No momento, a salvação está no arrependimento. Os opostos estão equilibrados no seu ser, e apesar da sua posição aparentemente desconfortável, ele está em estado de paz e serenidade, que se manifesta no halo em volta da sua cabeça.

Significado Divinatório

Vida em suspensão; transição; mudança; (reversão da mente e da maneira de viver). Em um sentido passivo, apatia e inércia. Tédio; abandono; renúncia. As mudanças das forças da vida. Período de trégua entre acontecimentos significativos. Sacrifício; arrependimento; reajustamento. Deverão ser feitos esforços para que a pessoa possa rumar para um objetivo, que mesmo assim talvez não seja alcançado. Regeneração; melhoria; renascimento. Aproximação de novas forças de vida. Essa é a hora de a pessoa se condicionar para enfrentar novas experiências. Rendição; falta de progresso. Uma pausa na vida. Fatores externos com forte influência. Você talvez se sacrifique demais. Seus sacrifícios talvez não sejam apreciados.

Significado Cabalístico

- Vigésimo-Terceiro Caminho: de Hod a Geburah
- O Caminho de Mem: O Enforcado
- Décimo-Segundo Arcano
- Cor do Caminho: Azul-escuro
- Som relacionado: Sol Sustenido
- Significado: Água
- Letra maternal: Água
- Título esotérico: O Espírito das Poderosas Águas
- Letra hebraica: MEM

O Vigésimo-Terceiro Caminho é chamado de Inteligência Estável e recebe esta denominação porque tem a virtude da consciência entre todas as numerações. O Enforcado, o Caminho de MEM, faz a ligação entre Hod e Geburah no Pilar da Severidade. Este é um canal de comunicação entre a Personalidade e o Eu Superior, embora suas implicações iniciatórias sejam bem diferentes daquelas dos três Caminhos que conduzem diretamente a Tiphareth. Este Caminho e o simbolismo da carta divergem completamente de qualquer outro que tenhamos encontrado anteriormente. Esta é uma figura curiosa, e a maioria das pessoas, ao vê-la pela primeira vez, procura inverter a posição da carta.

Este é o Caminho da Água, e a letra Mem é uma das três letras Maternais. Sob alguns aspectos, este é o Caminho do batismo na Água Maternal. Água significa consciência, o Primeiro Princípio dos Alquimistas, a substância a partir da qual tudo é produzido. Esta substância, às vezes chamada de Princípio do Pensamento, é simbolizada pela Água porque tem algumas das propriedades da água física, em particular seu movimento ondulatório. O Fluido Astral, a Água, está por trás de tudo o que existe. Embora seja possível descrever as propriedades e atividades desta Água, é somente no Vigésimo-Terceiro Caminho que a pessoa pode ser efetivamente absorvida por ela, ou seja, "afogar-se" nessas águas e perceber a si mesma como uma parte intrínseca e inseparável da Consciência Unitária.

A figura invertida da carta representa a suspensão da consciência pessoal quando uma realidade maior impõe uma completa inversão da perspectiva. Isso tem sido descrito como o "espírito humano suspenso por um único fio". Todavia, é uma suspensão voluntária, um sacrifício que é um batismo, mas também pode ser uma crucificação. Esta, portanto, é uma carta do Deus Agonizante.

Uma das principais qualidades deste Caminho é ser um caminho das possibilidades eternamente não resolvidas. Trata-se de uma abertura sem começo nem fim, exatamente o oposto d'A RODA DA FORTUNA, que encerra o eterno movimento.

Quando Mem é fechada, ela se transforma em Tau. Tau é Mem invertida. 12 (O ENFORCADO) é 21 (O UNIVERSO) invertido.

Ideia Fundamental

Da esfera do pensamento ascendemos ao princípio da inclemência, da liderança inflexível. Para podermos realizar essa ascensão, submetemos nossos conceitos e preceitos a uma transposição de valores e reorganização de prioridades interiores.

Lema

"Caminhei em todas as coisas no sentido contrário ao do mundo." (Jacob Boehme)

Cama do Enforcado

6 maçãs – Sabedoria para sair da energia estagnada (Vênus)
Mel (Saturno)
1 xícara de nozes – Cérebro + sabedoria – Trazer coisas boas para a minha vida, para que eu me sacrifique com sabedoria (Mercúrio)
1 xícara (chá) de farinha de trigo (Sol)
2 colheres (sopa) de soja em pó (Sol)
2 colheres (sopa) de germe de trigo tostado (Sol)
2 ovos (Sol)
1 xícara (chá) de leite (Vênus)
1 colher (sopa) de açúcar mascavo (Lua)

Preparo

Forrar uma assadeira com rodelas de maçãs com casca. Sobre as maçãs, colocar o mel e as nozes. Em uma vasilha à parte, misturar a farinha, a soja, o gérmen de trigo e polvilhar essa mistura sobre as maçãs com o mel e as nozes.

Bater os ovos com o leite e o açúcar mascavo e jogar por cima. Levar ao forno por uns 10 ou 15 minutos.

Aspectos

O acomodado, sem iniciativa, se faz de vítima, energia estagnada, mas, se quiser, sai dessa situação.

Encantamento da lâmina
Não faça nada.

Arcano XIII # A Morte

A Morte

Um esqueleto vestindo armadura e montado em um cavalo cavalga por um campo, onde pessoas de diversas posições na vida estão reduzidas à condição inanimada. Em alguns baralhos, o esqueleto com a foice é utilizado com a mesma finalidade. Uma bandeira quadrada com a figura de uma rosa com cinco pétalas drapeja acima, mostrando a combinação eternamente vitoriosa dos elementos quádruplos e quíntuplos que compõem o cosmos. O rio da vida corre pacificamente, enquanto no horizonte, entre as duas colunas, ou torres, o Sol divino que surge, brilha da sua posição de equilíbrio. A impressão global criada por esse Arcano é de mudança e de renovação, não de destruição irrevogável.

Significado Divinatório

Uma abertura de caminho para novos esforços. Transformação; mudança inesperada; perda; fracasso; alteração. Mudança brusca do antigo Eu, nem sempre obrigatoriamente por meio da morte física. O fim de uma situação familiar ou de uma amizade. Perda de rendimentos ou de segurança financeira. Começo de uma nova era. Doença, até mesmo morte. Uma vez que poderá ocorrer uma grande mudança, por isso mesmo esta carta poderá significar o nascimento de novas ideias ou o desenvolvimento de novas expectativas.

Significado Cabalístico

- Vigésimo-Quarto Caminho: de Netzach para Tiphareth
- O CAMINHO DE NUN (A MORTE)
- A Décima-Terceira Carta
- Cor do Caminho: Verde-azulado
- Som relacionado: Sol natural
- Signo: Escorpião (Água Fixa)
- Significado: Peixe
- Letra simples: Movimento
- Título esotérico: O Descendente dos Grandes
- Transformadores: o Senhor do Portão da Morte
- Letra hebraica: NUN

O Vigésimo-Quarto Caminho é a Inteligência Imaginativa, assim chamada porque confere semelhança a tudo que é criado de maneira equivalente a seus harmoniosos aprimoramentos.

O Caminho de Nun, A MORTE, é um dos três Caminhos que vão da Personalidade ao Eu Superior. A grande importância deste Caminho é indicada pela sua própria posição na Árvore da Vida. Ele está no Caminho da Espada Flamejante, entre Tiphareth e Netzach, significando que ele é o Caminho da emanação da Energia do Criador Inferior para a matéria; ele é o Caminho no qual a energia de Deus, o Filho, é transformada na primeira esfera ou padrão de energia subjacente ao mundo material.

Em termos do homem considerado de forma isolada, este é o Caminho no qual o Eu Superior envia a Personalidade "para baixo" a fim de passar por mais uma encarnação. Considerado sob a perspectiva da evolução pessoal, este é um Caminho no qual a energia da Personalidade, projetada pelo Eu Superior, é absorvida na morte física ou reconceitualizada na iniciação. A Grande Missão envolve muitas coisas que poderiam ser chamadas de reorientação psicológicas; ocorre uma alteração perceptiva em relação à natureza da realidade e daquilo que constitui o Eu Superior. Este é um aspecto da "transformação" que ocorre neste Caminho. A Transformação implica o abandono da natureza passional de Netzach e o fato de ser o indivíduo absorvido por Tiphareth. Essa natureza passional é a própria essência da Personalidade, que opera apenas em termos da satisfação de seus desejos e necessidades. A própria vontade de viver, significando o desejo da Personalidade de continuar operando na condição sensorial, é anulada no Caminho d'A MORTE. Aqui, a natureza temporária e ilusória da Personalidade é corretamente compreendida. A personalidade sofre uma "morte" voluntária, renunciando a tudo o que ela acreditava ser.

Ideia Fundamental

Somente a taça vazia pode encher. Para que nossos corações sejam irradiados pelo Amor Divino, todos os amores e apegos humanos deverão se dissipar. Os muitos têm de morrer para abrir caminho para o Um.

Lema

"Ó Morte, onde está teu aguilhão? Ó túmulo, onde está tua vitória?" (Coríntios, 15:55)

Gnomos da Morte

1 xícara de cogumelos – Proteção dos Gnomos. Firmeza de um novo caminho (Terra)
12 ovos de codorna – Renascimento, renovação (Sol)
1 xícara de tomate seco – Traz a felicidade em meu caminho (Sol)
1 xícara de azeitonas pretas sem caroço – Simboliza o desconhecido (Vênus)
1 cebola – Iniciativa (Marte)
1 cenoura crua – Abertura da visão. Boa comunicação para obter a transformação (Mercúrio)
Cheiro-verde (Marte/Saturno)
1 xícara de queijo parmesão ralado – Transformação suave (Vênus)
Sal para abençoar (Lua)

Preparo

Cozinhar e descascar os ovos (enquanto descasca os ovos, pedir que renasça em um novo caminho).

Em um pirex, distribuir os cogumelos (pedindo que a morte seja o renascimento em nosso princípio criador e mentalizando, também, que traga as mudanças necessárias. Acrescentar os ovos, as azeitonas, as cenouras raladas, a cebola e o cheiro-verde.

Cobrir com o queijo parmesão ralado e levar ao forno para gratinar.

Aspectos

Renovação em sua vida. Transformação, renovação, mudança de ciclo, renascimento.

Encantamento da lâmina

Escolha uma rosa vermelha e observe o desabrochar dela. Assim que todas as pétalas caírem, faça um banho, mentalizando as transformações em seu caminho.

Arcano XIV — A Temperança

A Temperança

Um anjo majestoso com asas, identificado por alguns especialistas como Miguel, arcanjo do elemento fogo, acha-se com um pé na terra e outro na água. Ele derrama a essência de uma taça em outra, o que indica a transferência de forças vitais de um nível para outro. O Sol ergue-se acima dos picos distantes, e um brilhante caminho orienta-se na direção do Sol. Harmonia, serenidade e força impetuosa caracterizam toda a gravura, mostrando a energia equilibrada, intencionalmente dirigida, bem proporcionada, necessária para que os estados celestiais de consciência sejam alcançados. As qualidades da adaptação, do equilíbrio e do ajustamento harmônicos simbolizados são descritos pelo nome "Temperança".

Significado Divinatório

Moderação; temperança; paciência. Aquilo que pode ser alcançado por meio do autocontrole e da frugalidade. Conciliação; harmonia. A mistura ou a reunião em união perfeita. Capacidade de dirigir; compatibilidade; fusão; ajustamento; boa influência. Fazer uma combinação bem-sucedida. Habilidade para perceber e utilizar as manifestações materiais e intelectuais disponíveis. Possivelmente, uma pessoa sem tendências exageradas; amada, tida em alta consideração. Imagem da mãe; imagem do pai; imagem mundana. Possivelmente moderada e sóbria demais para conquistar um objetivo que no momento está fora do seu alcance e que requer uma agressividade considerável.

Significado Cabalístico

- Vigésimo-Quinto Caminho: de Yesod a Tiphareth
- O Caminho de Samekh: A Temperança
- A Décima-Quarta Carta
- Cor do Caminho: Azul
- Som relacionado: Sol Sustenido
- Signo: Sagitário (Fogo Mutável)
- Significado: Esteio
- Letra simples: Cólera
- Título esotérico: A Filha dos Reconciliadores, a Parteira da Vida
- Letra hebraica: SAMEKH

O Vigésimo-Quinto Caminho é a Inteligência da Provação, assim chamado porque é a Tentação primária, por meio da qual o Criador testa todas as pessoas íntegras.

O Caminho de Samekh, A TEMPERANÇA, vai de Yesod a Tiphareth, da Lua ao Sol, da Personalidade ao Eu Superior. Ele está entre os mais importantes e difíceis de toda a Árvore e nele pode ser vivenciada a própria enormidade da Grande Missão. Ele tem sido chamado de "A Noite Escura da Alma", um Caminho no qual a pessoa penetra em um túnel profundo na crença de que irá encontrar a Luz na outra extremidade.

Este é um Caminho de sacrifício e tentação, chamado de Inteligência da Provação. Em sua obra *777*, Crowley fez o seguinte comentário sobre a letra Samekh: "O Útero preserva a Vida. O autocontrole e o autossacrifício regem a Roda". Essa citação nos sugere a ideia de que, em última análise, por trás desta carta está a Grande Mãe, o

YHVH Elohim, de Binah. Por essa razão, as figuras centrais das cartas de Crowley e da Aurora Dourada são femininas. Além do mais, o Vigésimo-Quinto Caminho é o de Sagitário, o Arqueiro, que é também de Diana, a caçadora, Deusa da Lua. Isto reafirma o princípio de que todas as figuras do Tarô (exceto O BOBO) são Mãe-Binah e Pai-Chokmah sob diferentes roupagens.

A Carta 14 é o início de uma consciência do Eu Superior de Tiphareth. A carta ilustra não a experiência propriamente dita, mas o modo como é adquirida, ou seja, por meio de uma troca e de um equilíbrio de opostos que podem ser descritos em termos simbólicos. Aqui, o uso de símbolos não tem absolutamente nada a ver com o sigilo, simplesmente, reflete a inadequação da linguagem para descrever o processo. Reiterando, os importantes significados de A TEMPERANÇA são:

1. Diz respeito a um processo efetivamente físico, o qual tem sido conservado secreto pelos místicos através dos séculos.
2. Esse processo envolve o intercâmbio de energias opostas e é dirigido pela vontade.
3. O processo inicia no nível do Eu Superior. Ele é instituído em Chesed, o nível mais aprimorado do Microprosopus, em cujo centro está o Eu Superior e a Sephira, no qual o desejo de formar a Grande Mãe é realizado.
4. Até que esse processo seja completado, o Eu Superior não pode ser conhecido pela Personalidade.

Ideia Fundamental

Devidamente equilibrada entre o intelecto e o sentimento, a alma invoca a força vital para impulsioná-la para a região da consciência em que ocorre a divina iluminação.

Lema

"Um anjo inclina-se diante de vós, e faz com que vos ergais; e, cheios de alegria, vedes, diante de vós, a Terra Prometida." (Novalis –Frh.v. Hardenberg).

Tempero da Vida

⅓ xícara (chá) de vinagre de maçã (Lua)
⅓ xícara (chá) de azeite (Sol)
½ xícara de vinagre balsâmico (Saturno)
1 colher (sopa) de manjericão (Vênus)
1 colher (sopa) de mostarda em grãos (Sol/Mercúrio/Saturno)
1 colher (sopa) de cebola desidratada (Marte)
1 colher (sopa) de salsa desidratada (Saturno)
1 colher (sopa) de cebolinha desidratada (Marte)
1 colher (sopa) de molho *shoyu* (Sol)
1 colher (sopa) de tomilho (Vênus)
1 colher (sopa) de mostarda temperada (Sol/Mercúrio/Saturno)
1 colher (sopa) de maionese (Sol)
1 colher (sopa) de mel (Saturno)
1 pitada de pimenta calabresa moída (Marte)

Preparo

Misturar tudo (guardar na geladeira).

Aspectos

O equilíbrio entre o mar e a terra. Momento de tranquilidade. Dá sabor à nossa vida.

Encantamento da lâmina

Em uma noite de Lua Cheia, misture duas colheres de chá de champanhe e uma colher de chá de mel em uma xícara de água mineral. Beba, olhando pela janela, sem pensar em nada.

Arcano XV **O Diabo**

O Diabo

    Uma gigantesca figura de Diabo com a cabeça de bode, asas de morcego, tronco humano, pernas peludas e pés de pássaro senta-se sobre a metade de um cubo. Sua mão direita está levantada em gesto de rejeição saturnina contra os céus, ao passo que sua mão esquerda segura o archote da destruição invertido. Duas figuras humanas, um homem e uma mulher, que possuem chifre e rabo, estão acorrentadas ao assento do Diabo, suas correntes estando frouxas como que para permitir que escapem. A mente inferior que, como a cabra montês, escala os pináculos do mundo material, mantém a alma cativa até que, com determinação, escapamos dos seus grilhões. Embora terrível, o bode do mundo não possui o poder verdadeiro de evitar que o homem alcance o seu destino celeste. Ao deixarmos de nos submeter à ilusão demoníaca, começamos a encarar os apegos e as preocupações mundanos como ridículos, e rimos o riso dos deuses.

Significado Divinatório

Subordinação; ruína; sujeição; malevolência; subserviência; queda; falta de sucesso; experiências sobrenaturais. Maus conselhos ou más influências exteriores; magia negra, fracasso inesperado. A pessoa parece não ser capaz de perceber os próprios objetivos. Dependência de uma outra pessoa, que leva à infelicidade. Violência; choque; fatalidade; autopunição; tentação para o mal; autodestruição; desgraça. Influência astral. Quebra de autoexpressão da pessoa, a ponto de torná-la incapaz. Indivíduo de mau temperamento. Ausência de humor, exceto à custa dos outros. Falta de princípios. Falta de ética.

Significado Cabalístico

- Vigésimo-Sexto Caminho: de Hod a Tiphareth
- O Caminho de Ayin: O Diabo
- A Décima-Quinta Carta.
- Cor do Caminho: Índigo
- Som relacionado: Lá natural
- Signo: Capricórnio (Terra Cardeal)
- Significado: Olho
- Letra simples: Júbilo
- Título esotérico: O Senhor dos Portões da Matéria; o descendente das Forças do Tempo.
- Letra hebraica: AYIN

O Vigésimo-Sexto Caminho é chamado de Inteligência Renovadora, pois, através dele, o Sagrado Deus aperfeiçoa todas as coisas mutantes que são renovadas pela criação do mundo.

O Caminho de Ayin, O DIABO, liga Tiphareth, núcleo da consciência do Sol, a Hod, a esfera de Mercúrio e do intelecto. O Vigésimo-Sexto Caminho é formativo e, em termos da estrutura do Eu Superior, é uma ponte intelectual entre a Personalidade e a Individualidade.

De todos os Caminhos, esse talvez seja o de compreensão mais difícil por parte daqueles cujas raízes estão fincadas em culturas ocidentais, pois sua interpretação vai contra o significado que a maioria das pessoas associa ao Diabo. Em termos cabalísticos, o Diabo não é visto como uma entidade maléfica dotada de existência independente. Além disso, representa um mistério especial a ser desvendado antes que a pessoa possa conhecer o Princípio Superior do Eu. O Diabo, que é o adversário, é o Senhor da forma manifesta, que temos de enfrentar e vencer.

O DIABO representa a falsa percepção da realidade por parte da pessoa comum; a crença da nossa condição material é "real", no verdadeiro sentido da palavra. Essa falsa percepção é aqui simbolizada de duas formas: em primeiro lugar, pretende-se que o Diabo seja visto como uma figura cômica, o bicho-papão da nossa infância coletiva. Na nossa crença da ilusão de matéria criada pelas energias simbolizadas por esta carta é efetivamente risível, e aqui está mais do que claro que o riso e o bom humor são ferramentas que nos ajudam a transcender a ilusão. Temos que aprender a não levar a sério as ilusões do mundo material. A hilaridade é o primeiro grande corretivo.

Em segundo lugar, nossa percepção equivocada da verdadeira natureza das coisas é sugerida pelo pentagrama invertido na cabeça do Diabo. O símbolo sagrado da humanidade, virado de cabeça para baixo, significa que a própria visão de mundo da maioria das pessoas, e seu relacionamento com uma realidade espiritual, estão de cabeça para baixo.

O significado da letra Ayin, olho, significa que a lição desta carta é a reorganização de perspectiva, uma nova visão das coisas. O olho representa tanto a aceitação da realidade do que vemos no mundo sensorial como também uma visão maior decorrente do uso da visão interior. Aceitar o que nosso olho físico nos mostra significa nos sujeitarmos à ilusão e ao cativeiro, um estado simbolizado nas cartas da Aurora Dourada e de Waite pelas figuras acorrentadas. As figuras têm chifres para mostrar que, embora sem terem consciência disso, são servas dessa criatura cômica.

Ideia Fundamental

Da consciência do mundo, vamos para a sabedoria de Deus. A beleza e o esplendor da iluminação divina acenam para nós do ápice do equilíbrio, e nos livramos da ilusão para poder alcançá-la.

Lema

"Não podeis vós, pobre Diabo, dar-me seja lá o que for? Quando foi que uma alma humana, no seu supremo esforço, alguma vez foi compreendida por alguém como vós?" (Goethe: *Fausto*, Parte I).

Tortilha Endiabrada

1 lata de atum – Equilibrar as emoções (Água)
6 batatas cozidas (Lua)
1 fio de azeite
Sal da Bruxa (Lua)
1 xícara(chá) de cheiro-verde (Marte e Saturno)
6 beterrabas cruas raladas (Saturno)
1 xícara de vinho branco (Baco)

Preparo

Em um pirex, fazer camadas começando com a beterraba, atum, batata, azeite, sal da Bruxa, cheiro-verde, e assim sucessivamente (quantas camadas quiser). Por último, regar com vinho branco (é a parceria que Hades tem com Baco para testar os corações humanos).

Levar ao forno por 10 ou 15 minutos.

Aspectos

HADES – Tentações. Sempre vai colocar você em uma situação que nunca profetizou. Vai testar você colocando as tentações na sua frente.

Para vencer essas tentações é necessário equilíbrio.

BACO – Deus romano, mitologia romana, Deus do vinho, dos vícios dos prazeres.

Encantamento da lâmina

Tome um banho de proteção com alecrim e hortelã.

Arcano XVI — A Torre

A Torre

Em contraste com o fundo agourento de um céu de meia-noite, aparece uma estranha torre construída sobre uma rocha elevada e árida. Um raio lampeja nos céus, derrubando a coroa no alto da torre e lançando seus habitantes para baixo. Gotas de sangue ou luz caem de cima na forma da letra hebraica Yod. A edificação de apegos terrenos, das falsas estruturas da mente, da emoção e do corpo é destruída pelo relâmpago do Eu Superior. Por terem erguido construções sobre a falsa segurança dos valores pessoais e humanos, os homens caem das alturas imaginadas da sua própria presunção. A torre de Babel é destruída porque representa um esforço para atingir a Divindade através dos meios puramente humanos sem a extinção das ambições e dos apegos pessoais.

Significado Divinatório

Mudança de forma total e súbita. Quebra de velhas crenças. Abandono de relacionamentos passados. Corte de uma amizade. Mudança de opinião. Acontecimentos inesperados; ruptura; adversidade; calamidade; miséria; fraude; ruína; divórcio; fim; destruição; colapso; queda; perda de estabilidade. Um acontecimento súbito, que destrói a confiança. Perda de dinheiro. Perda de segurança. Perda de um amor ou de uma afeição. Contratempos. Mudança terrível. Penetrando em novas áreas.

Significado Cabalístico

- Vigésimo-Sétimo Caminho: de Hod a Netzach
- O Caminho de Peh: A Torre
- A Décima-Sexta Carta.
- Cor do Caminho: Escarlate
- Som relacionado: Dó natural
- Planeta: Marte.
- Significado: Boca
- Letra-dupla: Graça – Indignação.
- Título esotérico: O Senhor das Hostes do Poderoso
- Letra hebraica: PEH

O Vigésimo-Sétimo Caminho é a Inteligência Ativa ou excitadora, assim chamada porque por meio dela todo ser recebe seu espírito em movimento.

O Caminho (Peh), A TORRE, liga o processo de raciocínio (Hod) ao centro do desejo-intuição (Netzach). Ele é o Caminho equilibrador da Personalidade, relacionado com Marte e com o Norte, região tradicionalmente conhecida nos mistérios como o "local de maior escuridão", porque se diz que o Sol nunca brilha na face norte do Templo de Salomão. Não obstante, nos é ensinado que a Luz vem da Escuridão, que "o ouro vem do Norte", e que "a Iluminação tem sua origem nas fontes ocultas de poder que aterrorizam a mente do ignorante".

Peh é uma letra dupla, portanto, um dos "Portões da alma", podendo dar passagem para duas direções. Como a palavra, Peh significa Boca, um orifício relacionado com a ingestão de alimentos e com a emissão da fala. No primeiro caso, podemos inferir que é através da função desse devastador Caminho que as energias Superiores são transmitidas para a Personalidade. Além do mais, enquanto o alimento espiritual entra no sistema, através da sua boca simbólica, a fala também passa por ela rumo ao exterior.

A maioria das versões desta carta representa uma Torre, situada em um local deserto, sendo atingida por um raio. Pessoas caem dela quando a coroa é derrubada.

Nos termos mais simples possíveis, simboliza a súbita destruição da nossa percepção acerca do que constitui a realidade. A Torre é um conceito do que a maioria das pessoas chama de "Eu", a consciência da Personalidade sendo destroçada por um influxo de força que revela algo a respeito da natureza do Eu Superior.

A Torre representa todas as instituições artificiais, quer isto signifique governo, igreja ou quaisquer outros valores socialmente aceitos. Um importante símbolo de A torre é seu próprio isolamento. Ela fica no topo desolado de uma montanha. A maioria das pessoas se vê dessa forma, como unidades de consciência totalmente isoladas.

Assim, a destruição da Torre significa conhecer o Verdadeiro Ego, que não pertence apenas a nós. O raio que fere a Torre é uma súbita percepção da nossa verdadeira identidade. Esse raio tem a forma do círculo e da lança de Marte para indicar o poder que inicia a experiência.

Ideia Fundamental

Mente e Emoção, Forma e Vida, quando unidas, geram o inexorável conflito que só pode ser solucionado pela elevação da consciência a um nível Superior a ambas, unindo dessa forma as eternas tese e antítese em uma síntese mais elevada.

Lema

"A não ser que o Senhor construa a casa, aqueles que a constroem trabalham em vão." (Salmos, 171:1)

Doce da Esperança

Manteiga a gosto (Vênus)
6 bananas – Dá alicerce – Estrutura de um desejo realizado (Vênus)
1 colher (de sopa) de açúcar mascavo (Lua)
1 colher (de chá) de canela em pó (Marte)
1 colher (de chá) de cravo em pó (Marte)
1 concha de conhaque – Para eliminar tudo de ruim (Sol)
Sorvete de creme – Traz a certeza de que seus desejos serão realizados (Vênus)
Chocolate – Para não perder a fé (Júpiter)

Preparo

Em uma panela, colocar a manteiga, deixar derreter e acrescentar as bananas (cortadas ao meio na vertical). A banana representa a Torre.

Acrescentar o açúcar mascavo, a canela e o cravo em pó. Colocar o conhaque e flambar as bananas.

Após flambar as bananas, colocar as bolas de sorvete e cobrir com chocolate.

Pode ser acrescentado rum e gotas de baunilha.

Aspectos

Se está na torre, significa que você caiu na conversa do Diabo e todo seu desejo foi por água abaixo. Toda a ilusão foi tirada.

Essa receita é para atrair a fé para aquela pessoa que perdeu tudo. Fazer o indivíduo acreditar que pode começar tudo de novo.

Encantamento da lâmina

Com cuidado, escreva toda a situação que lhe incomodar na casca de um ovo cru. Segure o ovo com as mãos em concha e diga pausadamente, três vezes: "A vida pode mudar, mas, sempre calmo, vou ficar até as mudanças chegarem". Quebre o ovo e bata palma. Repita o encantamento durante sete dias.

Arcano XVII

A Estrela

A Estrela

Uma bela figura de mulher nua apoia-se com um joelho sobre a terra, enquanto o outro pé descansa na água de um lago. Com um dos jarros, ela derrama água na terra seca e, com outro, no lago. A alma meditativa penetra profundamente nas águas do inconsciente no qual ela derrama força vital. Ela está em profundo equilíbrio entre o sólido e o líquido, entre os polos físico e emocional da existência. A estrela orientadora do Eu Superior brilha acima, refletida no lago da emoção inconsciente. O pássaro Íbis da faculdade iluminada, pensante, pousa em uma árvore próxima. O esforço meditativo traz energia ao Eu Consciente, a terra, onde se formam cinco riachos d'água, e ele instiga a faculdade pensante a revelações mais novas e profundas da sua natureza.

Significado Divinatório

Esta carta representa, claramente, o aparecimento de novas oportunidades e a certeza da realização. Fé; esperança; perspectivas brilhantes. Mistura do passado e do presente. Oportunidade promissora; otimismo; discernimento; presságio favorável; amor espiritual; estrela de ascensão; influência astrológica. Culminação do conhecimento e do trabalho do passado e do presente. As energias dispendidas logo trarão resultados. Realização; satisfação; prazer. Uma carta favorável, sugerindo que o desejo e a energia são essenciais para a felicidade.

Significado Cabalístico

- Vigésimo-Oitavo Caminho: de Yesod a Netzach
- O Caminho de Tzaddi
- A Décima-Sétima Carta
- Cor do Caminho: Violeta
- Som relacionado: Lá Sustenido
- Signo: Aquário (Ar Fixo)
- Significado: Anzol
- Letra simples: Imaginação
- Título esotérico: A Filha do Firmamento: Aquela que habita entre as águas.
- Letra hebraica: TZADDI

O Vigésimo-Oitavo Caminho é chamado de Inteligência Natural, sendo assim denominado porque através dele é consumada e aperfeiçoada a natureza de todas as coisas que existem debaixo do Sol.

Trata-se de um Caminho muito poderoso, que indica a maneira pela qual a Energia Divina inerente a cada indivíduo pode ser abordada adequadamente. A letra Tzaddi significa anzol, sugerindo meditação, um processo intimamente ligado ao uso da imaginação. Assim, a imaginação é descrita, não como a conquista de alguma coisa, mas uma fusão de duas correntes de consciência individual para formar uma consciência maior.

Esta carta representa o controle consciente da energia Kundalini, a qual é descrita como solar ou sexual. Lembremos aqui que, embora se diga que a serpente Kundalini (a mesma que tentou Eva na Árvore da Ciência do Bem e do Mal) está "enrolada em Yesod", quando representada na Árvore da Vida ela está em contato com todo e qualquer Caminho. Quando encontramos a força Kundalini – as energias sexuais que estão dentro de nós mesmos –, nos aproximamos dos Grandes Mistérios de Tiphareth, o Logos Solar, que é a Estrela central da nossa existência. A figura desta carta é a mais pura representação da Grande Mãe no nível da Personalidade e antes de um aprimoramento na matéria. Por essa razão, ela está completamente despida – é a perfeição da forma física da natureza, ou seja, de "tudo o que existe sob o Sol", significando isto: abaixo do nível de Tiphareth.

Ideia Fundamental

A energia vital flui para o sentimento. Ao ativar a emoção, ela cria uma condição na qual a mais elevada orientação torna-se acessível, unindo os sentimentos da personalidade com a Emoção Divina.

Lema

"Que haja um firmamento no meio das águas, e que ele separe as águas das águas. E Deus... separou as águas que estavam debaixo do firmamento das águas que estavam em cima do firmamento." (Gênesis, 1: 6, 7)

Poço dos Desejos

6 batatas cozidas, descascadas e picadas (Lua)
1 cebola picada (Marte)
6 dentes de alho (Marte) – Marte depois de Vênus é o planeta que mais brilha
1 fio de azeite (Sol)
1 colher (de chá) de tomilho – Para que saiba pedir (Mercúrio)
1 colher (de chá) de orégano – Alegria (Mercúrio)
1 kg de carne cortada em cubos (Cernunnos) – Força e iniciativa
1 pacote de creme de cebola (Marte)
Salsinha e cebolinha (Marte/Saturno)

1 copo de vinho tinto seco (Vênus)
1 cerveja escura (250 ml) (Sol)
Sal da Bruxa para abençoar (Lua)
Pimenta (Marte)

Preparo

Em uma panela, colocar o azeite, cebola, alho, tomilho, orégano, a carne e a cerveja.

Depois de cozinhar a carne, acrescentar a batata, o creme de cebola, a salsinha, a cebolinha, o vinho tinto seco, a pimenta e abençoar com o sal.

Aspectos

DEUSA ÍRIS – Significa esperança. Quando tenho esperança, tenho a realização de todos os meus sonhos. Cada pessoa pensa no que é mais importante para si.

Eliminar todos os seus defeitos e ter sua realização plena.

Esse prato deve ser feito quando você quiser realizar um desejo ou conquista.

Encantamento da lâmina

Na véspera de uma noite de Lua Cheia, recorte um papel azul-claro em forma de estrela. Escreva seus desejos nela e durma três dias com ela embaixo do travesseiro. Depois, queime na chama de uma vela azul-claro e tenha certeza de que seu desejo será realizado.

Arcano XVIII   A Lua

A Lua

A Lua, mostrada nas suas três fases, está com o olhar voltado para uma paisagem noturna, na qual a forma viva primitiva de um lagostim sobe lentamente do lago da emoção inconsciente para alturas longínquas. Um lobo e um cão estão sentados à beira da estrada uivando para a Lua, o que representa os componentes selvagens e domesticados da nossa natureza instintiva. As torres dos mecanismos humanos de defesa intelectuais e morais assomam no horizonte, e devem ser evitadas no caminho para o ápice da realização final. As sementes da força vital divina na forma de gotas que caem, e que possuem a forma de letras Yod, nos lembram da energia celestial que vitaliza o Eu Emocional e Instintivo e o despertar para as atividades.

Significado Divinatório

Impostura; penumbra; obscuridade; embuste; desonestidade; Desilusão; perigo; erro; advertência; aviso; má influência; motivos ulteriores;

falta de sinceridade; amigos falsos; egoísmo; estratagema; velhacaria; astúcia; falsas pretensões; maledicência; exposição a perigos; superficialidade; inimigos desconhecidos; o choque de muitas influências divergentes; queda em uma armadilha. A pessoa está sendo desencaminhada. Não há possibilidade de evitar os perigos que estão ao redor. A possibilidade de cometer um erro é muito grande. As muitas e variadas influências circundantes irão combinar-se em novas pressões e impressões.

Significado Cabalístico

- Vigésimo-Nono Caminho: De Malkuth a Netzach
- O Caminho de Qoph (A Lua)
- Décima-Oitava Carta
- Cor do Caminho: Carmesin (Ultravioleta)
- Som relacionado: Si natural
- Signo: Peixes (Água Mutável)
- Significado: Nuca - Orelha
- Letra simples: sono
- Título esotérico: O Regente do Fluxo e Refluxo. O Descendente dos Filhos do Poderoso
- Letra hebraica: QOPH

O Vigésimo-Nono Caminho é a Inteligência Corpórea, assim chamada porque molda todos os corpos formados abaixo do conjunto de mundos, bem como o seu desenvolvimento.

QOPH Significa nuca. É por trás da cabeça que está RESH (O SOL). Assim, aquilo que é simbolizado pela Lua precede a brilhante consciência intelectual d'O Sol. Nesse nível da Árvore, a Lua apenas reflete a Luz do Sol; o Caminho do centro da carta vai do lado escuro da Lua para o lado claro, onde o Sol incide diretamente.

Compreender este Caminho significa entender a relação entre a nossa Personalidade – consciência e o veículo físico construído para cada encarnação, um empreendimento muito difícil para a maioria das pessoas, que acha que existe apenas através do seu corpo. Aqui, o significado da letra simples Qoph, sono, nos proporciona uma importante indicação. Durante a fase cíclica da consciência do veículo físico, a maioria das pessoas continua a agir com base em informações e fantasias estritamente relacionadas com sua existência corporal. Seus sonhos são cheios de sombras da matéria, a qual, uma vez conscientemente transcendida, é a conquista do Caminho d'A LUA.

Ideia Fundamental

Do ser físico, nos elevamos para a consciência da nossa natureza emocional.

Lema

"Existe uma maré nos assuntos dos homens que, se aproveitada em seu fluxo..." (William Shakespeare).

Filé de Pescada ao Molho da Lua

½ kg de filé de pescada (Água)
1 cebola (Marte)
1 limão – Atrai o amor e abre a intuição (Vênus)
1 punhado de alecrim picado – Tira as mágoas (Júpiter)
1 xícara de cebolinha e salsinha (Marte/Saturno)
1 fio de azeite (Sol)
Sal da Bruxa (Lua)
6 dentes de alho (Marte)

Preparo

Em um pirex, colocar os ingredientes e regar com azeite, passar os filés e grelhar. Reservar.

Molho da Lua

Marinado do peixe

½ de pimentões (Verde – Saúde, Amarelo – Dinheiro, Vermelho – Amor) (Marte)
2 colheres (sopa) de mostarda (Sol)
2 colheres (sopa) de gérmen de trigo (Sol)
6 tomates picados (Júpiter)
Azeitonas a gosto

Preparo

Pegar as sobras do marinado do peixe e colocar em uma panela, acrescentar os pimentões picados, a mostarda, o gérmen de trigo, o tomate picadinho e as azeitonas.

Colocar os filés fritos em uma travessa e despejar o molho por cima do peixe.

Aspectos

Intuição – capacidade de enxergar no outro seus defeitos ou qualidades, mistérios; desenvolve plenamente o que está escondido dentro de você e pode revelar algo que está escondido.

Encantamento da lâmina

Em uma noite de Lua Cheia, saia ao ar livre e dance para a Lua. Visualize a energia da Lua fazendo parte de você. Estabeleça esse contato. Seja feliz!

Arcano XIX O Sol

O Sol

Uma criança nua monta um cavalo branco e segura uma bandeira ao alto. Em outros baralhos, duas crianças nuas dançam em um círculo ao Sol. Do Céu, o Sol de muitas faces sorri olhando para baixo. Felicidade, alegria e vitória permeiam toda a figura. Em segundo plano há um jardim murado com girassóis dourados que crescem em profusão. A associação da energia vital com o princípio do intelecto contribui para a felicidade inocente como a da infância alegre. Embora ainda um bebê nas florestas da Árvore da Vida, a alma que ascende é poderosa no domínio do cavalo da emoção e do corpo. O jardim da sua mente contém plantas refinadas representando o princípio vitalizador do intelecto.

Significado Divinatório

Satisfação; realização; contentamento; sucesso; relacionamentos favoráveis; amor; alegria; devoção; sentimentos altruístas;

noivado; presságio favorável; um casamento feliz; prazer na existência cotidiana; felicidade terrena. O contentamento deriva de oferecermos a mão para outro ser humano. As compensações de uma nova amizade. Prazeres derivados de coisas simples. Sucesso nas artes; libertação.

Habilidade para aceitar a vida conforme ela é e viver contente.

Significado Cabalístico

- Trigésimo Caminho: de Yesod a Hod
- O Caminho de Resh: O Sol
- A Décima-Nona Carta
- Cor do Caminho: Laranja
- Som relacionado: Ré natural
- Planeta: Sol
- Significado: Cabeça
- Letra-dupla: Fertilidade-Esterilidade
- Título esotérico: O Senhor do Fogo do Mundo
- Letra hebraica: RESH

O Trigésimo Caminho é a Inteligência Dedutiva, assim chamada porque os astrólogos deduzem a partir dela o Juízo das Estrelas e dos Signos celestiais e as perfeições de sua ciência, de acordo com as regras de suas resoluções.

RESH significa Cabeça. A atividade deste Caminho é intelectual. De fato, o Caminho d'O SOL é o mais elevado nível do intelecto humano, assim como A Estrela é o nível mais elevado das emoções. A experiência d'O SOL é muito profunda por ser uma iniciação ao sol interior, o qual é a luz da Personalidade, da mesma forma como o Sol físico é a Luz do mundo material. Neste Caminho, a pessoa sente o calor e vê a luz, mas, tal como no plano das sensações, trata-se de um Sol para o qual não se pode olhar diretamente sem sofrer danos.

Os opostos atribuídos a Resh pelo Sepher Yetzirah – fertilidade e esterilidade – nos recordam que mesmo o Sol que ilumina e promove o crescimento, também pode nos trazer a destruição completa.

Ideia Fundamental

Ao unir o princípio da energia vital com o do intelecto, a mente se enche de grande força triunfante.

Lema

"A sabedoria do homem faz reluzir o seu rosto." (Eclesiastes, 8:1)

Cookies do Sol

2 e ¹/₂ xícaras (chá) de farinha de trigo (Sol)
1 colher (sopa) de sal da Bruxa (receita colocada nas dicas de Tânia Gori) (Lua)
1 colher (sopa) de fermento em pó (Lua)
2 colheres (sopa) de açúcar (Lua)
4 colheres (sopa) de manteiga derretida (Lua)
4 colheres (sopa) de tomate seco (Júpiter)
2 colheres (sopa) de cebola (Marte)
200 g de queijo parmesão ralado (Lua)
Cebolinha (Marte)
Salsinha (Saturno)
Manjericão (Mercúrio)
Curry (Sol)
Pimenta calabresa (Marte)
1 copo de iogurte natural (Lua)

Preparo

Misturar todos os ingredientes e fazer os *cookies* – colocar em uma assadeira e levar ao forno pré-aquecido de 15 a 20 minutos.

Aspectos

Sucesso.

Encantamento da lâmina

Ao nascer do Sol ou ao meio-dia de um domingo, faça um buquê de flores de todas as cores e prepare um gostoso suco de laranja. Enfeite sua casa com as flores e beba o suco agradecendo toda sua bênção.

Arcano XX **O Julgamento**

Os mortos se erguem das suas sepulturas abertas em resposta ao clarinete chamado do anjo que, soprando sua trombeta embandeirada, aparece nos céus.

As sepulturas flutuam nas águas da emoção, enquanto as pessoas representam os compartimentos e as estruturas da mente. O anjo, envolvido pelo esplendor do fogo solar, simboliza o Eu Superior ou o Anjo da Guarda do indivíduo, ao passo que a personalidade humana despertada é como um homem morto que se ergue para a vida. Nervosos picos de montanha se elevam no horizonte além do mar, mostrando a necessidade de realização posterior. A cruz de braços iguais sobre a bandeira do anjo representa a lei da harmonia e do equilíbrio, que é sempre o poste indicador supremo de todo o progresso nos caminhos da Árvore da Vida.

Significado Divinatório

Esta carta sugere reparação; julgamento. A necessidade de se arrepender e de perdoar. O momento de prestar contas pela forma como usamos nossas oportunidades. A possibilidade de que a conduta presente, em relação a outras pessoas, seja injusta e sem bondade. Rejuvenescimento; renascimento; progresso; desenvolvimento; proteção. O desejo de imortalidade. Existe a possibilidade de que alguém esteja se aproveitando de você, no futuro, se arrependa. Julgamento legal, a nosso favor. O resultado de uma ação judicial ou de conflitos pessoais. Devemos analisar cuidadosamente as ações presentes, uma vez que elas afetam outros indivíduos. O sucesso virá mais facilmente se você for honesto consigo mesmo.

Significado Cabalístico

- Trigésimo-Primeiro Caminho: de Malkuth a Hod
- O caminho de Shin: O Julgamento.
- Cor do Caminho: Vermelho-alaranjado brilhante
- Som relacionado: Dó natural
- Significado: Dente
- Letra maternal: Fogo
- Título esotérico: O Espírito do Fogo fundamental
- Letra hebraica: SHIN

O Trigésimo-Primeiro Caminho é a Inteligência Perpétua. Todavia, por que ele é chamado assim? Porque controla os movimentos do Sol e da Lua, cada um em uma órbita apropriada.

O que é representado aqui como "Julgamento" é um processo por que passa a Personalidade à medida que procura tornar-se consciente do seu próprio funcionamento interno. O Julgamento, porém, não é transitório ou limitado. Segundo os Trinta e Dois Caminhos de Sabedoria, ele é perpétuo. Trata-se de um contínuo acompanhamento do progresso da Personalidade rumo à consciência universal. Este é um Caminho no qual os componentes da Personalidade, que se encontraram primeiramente em O UNIVERSO, são avaliados e analisados criticamente (julgados).

Esses Caminhos servem de introdução para a verdadeira natureza do Eu Superior encarnado, portanto, podem ser extremamente difíceis.

Ideia Fundamental

O ser absoluto do homem é renovado quando, ao renunciarmos ao nosso apego às coisas físicas, penetramos na esfera da mente iluminada.

Lema

"Aproxima-se a hora em que todos os que se encontram nos túmulos ouvirão a sua voz e sairão." (João, 5:28).

Bolo do Julgamento

2 xícaras (chá) de farinha de trigo (integral ou branca) (Sol)
1 xícara (chá) de açúcar (Lua)
150 g de manteiga derretida (Vênus)
2 ovos – Para que o Sol ilumine o caminho nesse processo (Sol)
$^1/_2$ xícara (chá) de leite – Ter o amor nesse caminho (Vênus)
1 colher (sopa) de fermento em pó para bolo (Lua)
1 colher (chá) de baunilha (Vênus)
100 g de amendoim picado (Mercúrio)
100 g de castanha de caju picada – Boa comunicação (Vênus)
100 g de flocos de chocolate ou granulado (Júpiter)

Preparo

Misturar tudo e pedir todo o conhecimento adquirido nessa caminhada, nesse novo caminho). Após misturar, levar ao forno para assar.

Depois de assado, polvilhar canela e coco ralado. Pode servir com calda de chocolate.

Aspectos

Você já aprendeu tudo e deverá usar esse conhecimento.

Encantamento da lâmina

Toque um sino três vezes e imagine seu renascimento para uma nova fase em sua vida.

Arcano XXI   O Mundo

O Mundo

O Arcano mostra uma dançarina vestida apenas com um cachecol, emoldurada por uma grinalda de forma oval. Nos quatro cantos encontram-se as quatro bestas da Terra, da Água, do Fogo e do Ar, os componentes do mundo manifestado e as bases funcionais da personalidade humana, ou seja, a Sensação, o Sentimento, o Pensamento e a Intuição. A dançarina que, teoricamente, é hermafrodita, segura dois bastões que representam o equilíbrio dos opostos e da involução e da evolução. As pernas da dançarina formam uma cruz, ao passo que os braços e o tronco têm a forma de um triângulo com o vértice voltado para cima, o que indica que o quaternário inferior da personalidade está dominado pela trindade do Eu Superior.

Significado Divinatório

Consecução; conclusão; perfeição; mudança definitiva; o resultado feliz de todos os esforços. Sucesso; segurança; síntese. Realização; capacidade; triunfo nos empreendimentos. Recompensas provenientes do trabalho esforçado. O caminho da libertação. Vida eterna. A meta final, para a qual todas as outras coisas conduziram. Admiração de outros. O resultado dos acontecimentos a despeito de outros sinais. Esta é uma carta muito favorável, principalmente se está rodeada por outras cartas favoráveis.

Significado Cabalístico

- Trigésimo-Segundo Caminho: de Malkuth a Yesod
- O caminho do Tav: O Universo
- Cor do Caminho: Índigo
- Som relacionado: Lá natural
- Planeta: Saturno
- Significado: Cruz Tau, Cruz grega
- Letra-dupla: Poder-Servidão
- Título esotérico: A Grande Unidade da Noite do Tempo
- Letra hebraica: TAU

O Trigésimo-Segundo Caminho é a Inteligência Administrativa, sendo assim denominado porque dirige e associa em todas as suas operações os sete planetas, mesmo estando todos eles no seu devido curso.

Ao discutirmos O UNIVERSO, estamos, na verdade, debatendo os domínios da matéria. A maioria das pessoas tem uma concepção dualista de si mesma: elas são corpo e espírito, e acham que as imagens que vão até elas quando sonham ou meditam estão separadas do seu lado físico. Todavia, os mistérios vêm afirmando ao longo das gerações que o cosmos é todo mental e que a distinção entre mente e corpo é ilusória e não real. Na verdade, quando fechamos os olhos e vemos imagens, aquilo que enxergamos primeiro são as mais aprimoradas formas de matéria, as imagens e formas de energia que estão mais próximas da condição física.

Do ponto de vista do misticismo prático, O UNIVERSO pode ser considerado a carta mais importante do baralho, pois é o ponto onde iniciamos o processo de exploração interior. É nesse caminho que encontramos a consciência da nossa própria personalidade individual, tudo que está dentro da nossa cabeça, separado da segurança da realidade física. Este é o caminho que só pode ser percorrido com sucesso por aqueles que começaram a trazer suas personalidades para um equilíbrio baseado na compreensão de si mesmos; aqueles que não agirem assim serão atormentados por fantasmas produzidos por eles próprios e terão as portas fechadas diante de si.

Ideia Fundamental

Da prisão da forma, nos elevamos para a consciência da força vital.

Lema:

"Vós conhecereis a verdade, e a verdade vos libertará." (João, 8:32)

Os Quatro Elementos

Primeiro Elemento – Carne de Porco
1 kg de pernil sem osso cortado em cubos (Terra)
4 colheres (sopa) de azeite (Sol)
50 g de *bacon* (Terra)
1 pedaço de paio (Terra)
Em uma panela, deixar fritar a carne com os ingredientes.
Segundo Elemento – Carne Bovina
$1/2$ kg de carne de bovina cortada em cubos (Terra)
Quando a carne de porco estiver no ponto, retirar da panela e na mesma panela fritar
Terceiro Elemento – Carne de Frango
1 kg de peito de frango em cubos (Terra)
Azeite (Sol)
Alho (Marte)
Em outra panela, colocar azeite e alho e fritar o peito de frango.
Quarto Elemento – Peixes
250 g de bacalhau dessalgado (Água)
Fritar em outra panela.

Preparo

Após fritar as carnes, misturar tudo em um pirex. Acrescentar ¹/₂ kg de batata já cozida.

1º Queijo – Molho
1 copo de requeijão (Vênus)
1 lata de creme de leite (Vênus)
Despejar esse molho sobre as carnes
2º QUEIJO – Pedaços de muçarela (Vênus/Sol)
3º QUEIJO – Pedaços de provolone (Vênus/Sol)
4º QUEIJO – Parmesão ralado (Vênus/Sol)
Colocar os outros três tipos de queijo por cima da carne na ordem.
Polvilhar com alho torrado. Por último, acrescentar batata-palha.

Aspectos

A melhor carta do Tarô. Os quatro elementos em harmonia.

Encantamento da lâmina

Dance uma ciranda, agradecendo todas as recompensas que você tem em sua vida.

Arcanos Menores

Em seu caldeirão, misture uma xícara de alegria, meia xícara de felicidade, meia xícara de conhecimento e, assim, tenha e obtenha toda a Sabedoria em seu dia a dia.

Antes de começar os arcanos menores e importante para você leitor compreender que a força dissos laminos eu seu dia a dia são bastante pontuais, sendo assim teremos sugestões de gucutas rápidos para objetivos diretos.
Os arcanos menores tem sua ligação direta com os 4 elementos, que representam a base do universo. Simbolizando as etapas da nossa evolução como Seres humanos.

Numerologia Básica do Tarô

Ás – Regente Sol
Numerologia: caminho pioneiro
Divinatório: inteligência, início de uma ação
Cabala: Kether – coroa, eu sou como sou
Cartomancia: busca do conhecimento, o masculino, o início, o impulso.

2 – Regente Lua
Numerologia: caminho da cooperação
Divinatório: dualidade, dificuldade, passividade
Cabala: Chokmah – sabedoria
Cartomancia: receptivo, feminino, interação

3 – Regente Júpiter
Numerologia: caminho da expressão e comunicação
Divinatório: perfeição, fecundidade, possibilidade de sucesso
Cabala: Binah – entendimento, silêncio, compreensão e avareza
Cartomancia: consequência e a ação manifesta

4 – Regente Urano
Numerologia: caminho de organização prática
Divinatório: inércia, possibilidade de novo início
Cabala: Chesed – Misericórdia, concretização de abstrato
Cartomancia: fechamento de um ciclo, fins concretos, objetivos atingidos

5 – Regente Mercúrio
Numerologia: caminho da experiência e da mudança
Divinatório: relacionamentos sociais, sua saúde, o homem fisicamente falando
Cabala: Gevurah – Severidade, comunicação e inteligência racional
Cartomancia: mutabilidade. Uso da inteligência para solucionar problemas

6 – Regente Vênus

Numerologia: caminho da responsabilidade, ajustamento, atração, harmonia e beleza
Divinatório: dificuldades geradas a partir de você mesmo
Cabala: Tipheret – Esfera do Sol, inteligência mediadora, harmonia das coisas.
Cartomancia: é o período de impasse na evolução de qualquer problema. Sexualidade.

7 – Regente Netuno
Numerologia: caminho do raciocínio e da sabedoria
Divinatório: triunfo, encerramento
Cabala: Netzach – Vitória, representa a força que edifica a forma, domínio e energia vitoriosa
Cartomancia: potencial de movimento, ação, gerador de acontecimentos

8 – Regente Saturno
Numerologia: caminho do dinheiro, representa o bom senso
Divinatório: Tormento, sofrimento, sucesso parcial
Cabala: Hod – a Glória, representa o poder de equilíbrio
Cartomancia: aplicação material das ideias. Equilíbrio, verdade e justiça

9 – Regente Marte
Numerologia: caminho do amor universal, representa o desenvolvimento da compaixão, da compreensão
Divinatório: obrigação, sucesso com perigo de estagnação, exigindo mudanças de ritmo
Cabala: Yesod – o Fundamento, representa o caminho que forma a base, plano das formas reflexas
Cartomancia: fim de um ciclo, em um arco Superior, complementação de um processo

10 – Não tem regente
Numerologia: é o reinício da jornada

Divinatório: fim de um ciclo, estudo, avaliação, ponderação
Cabala: Malkuth – o Reino, representando a manifestação, a matéria como nós a vemos, mas não necessariamente compreendemos.
Cartomancia: a expressão das coisas como fato consumado, ao mesmo tempo probabilidade. Prenuncia retornos.

NAIPE DE PAUS (Fogo)
Ação/Espiritualidade
Ás de Paus

Ás de Paus

Renovação de Energia. Entusiasmo com um novo projeto. É sinal de sorte e de sucesso.
Conselho: Novas oportunidades.
Palavra-chave: Iniciação.

Tempero Picante

1 xícara de pimenta-jalapeno ou pimentões cortados
em tiras (Marte)
6 dentes de alho (Marte)
1 xícara de pimenta-da-jamaica (Marte)
1 xícara de pimenta-rosa (Marte)

1 xícara de semente de mostarda (Sol)
1 xícara de semente de chia (Mercúrio)
1 xícara de gergelim branco (Sol)
1 xícara de semente de coentro (Mercúrio)
1 xícara de azeitonas sem caroço (Vênus)
1 xícara de semente de linhaça dourada (Mercúrio)
1 limão siciliano (Vênus)
1 concha de conhaque (Sol)
1 lata de cerveja preta (Sol)
Sal a gosto (Lua)

Preparo

Em uma travessa refratária, colocar todos os ingredientes, espremer limão siciliano por cima, regar com conhaque, por último, banhar com cerveja preta. Salpicar sal para abençoar. Levar ao forno.

Utilize esse tempero para servir com torradas ou arroz branco.

Observação: Sempre que estiver fazendo uma receita mágica, lembre-se de mentalizar seu objetivo.

Dois de Paus

Dois de Paus

Muitos conselhos podem influenciar você. Mas, é preciso ter independência e solidão.

Conselho: Defenda sua independência e não deixe que os outros a controlem. Seja forte!

Palavra-chave: Planejamento.

Cama dos Planos

1 pacote de Doritos (Sol)
1 copo de queijo *cheddar* (Sol/Vênus)
250 g de maionese (Sol)
1 pacote de creme de cebola (Marte)
1 colher (de sopa) de pimenta-jalapeno ou dedo-de-moça (Marte)
Cebolinha picada (Marte)

Salsinha picada (Marte)
1 xícara de cogumelos (Terra/Sol)
Orégano a gosto (Mercúrio)
Queijo parmesão ralado a gosto (Sol/Vênus)

Preparo

Forrar uma travessa refratária com doritos.

Em uma tigela à parte, fazer um molho com o queijo *cheddar*, a maionese, o creme de cebola (só um pouquinho), a pimenta-jalapeno ou dedo-de-moça, a cebolinha e salsinha.

Jogar o creme por cima dos doritos.

Acrescentar cogumelos, orégano, queijo parmesão ralado. Levar ao forno para gratinar.

Salada de rúcula para acompanhar: alho, cebolinha, salsinha, páprica-picante, sal, manga picadinha, duas colheres de mostarda.

Três de Paus

Três de Paus

Seja um líder. Pessoas à sua volta a observam. Seu trabalho deve ser sólido. Novos empreendimentos.

Conselho: Tente manter otimismo, concentre-se nos objetivos reais da vida ou se desapontará ao tentar atingi-los. Comunicação plena, você já sabe o que quer e já está pedindo ao Universo.

Palavra-chave: Oportunidade.

Palitos da Sabedoria

1 xícara (chá) de farinha de trigo (Sol)
1 xícara (chá) de amido de milho (Sol)
1 xícara (chá) de farinha de milho (Sol)
2 ovos inteiros (Sol)
1 pitada de sal (Lua)
Leite até dar o ponto de um mingau (Vênus)

200 g de muçarela em palito (Vênus/Sol)
200 g de peito de peru (Terra)
Orégano (Mercúrio)
Salsinha (Saturno)
1/2 litro de óleo (Sol)

Preparo

Forrar uma forma com peito de peru fatiado, orégano e salsinha. Reservar.

Misturar em uma tigela a farinha de trigo, o amido de milho, a farinha de milho e os ovos.

Em uma frigideira, colocar ½ litro de óleo para aquecer. Pegar Muçarela em bastão, empanar com o mingau e fritar. Colocar em papel toalha após a fritura.

Dispor a muçarela sobre o peito de peru.

Quatro de Paus

Quatro de Paus

Seus sonhos serão mais acessíveis, se colocar de lado seu interesse próprio e trabalhar com os outros. Trabalhe em equipe; poderá haver encontro com um amigo do passado.
Conselho: Aproveite a fase, que será harmoniosa e positiva.
Palavra-chave: Trabalho terminado.

Fajitas da Alegria

Massa
1 xícara (chá) de farinha de trigo integral(sol/alegria)
1 pitada de sal da Bruxa (Lua)
100 g de manteiga derretida (Vênus)

Preparo

Misturar a farinha e a manteiga e acrescentar água até dar o ponto de massa para pão. Fazer pequenos discos (pequenas panquecas) e em uma frigideira, fritá-las em pouco óleo.

Recheio:
1 colher (sopa) de alho picado (Marte)
2 colheres (sopa) de cogumelos picados (Gnomo/Terra)
Um pouco de cebola desidratada (Marte)
300 g de carne picada em cubinhos (tipo estrogonofe) (Terra)
Uma pitada de sal da Bruxa para abençoar (Lua)
1 tomate picado (Sol)
1 xícara de conhaque (Sol)
1 copo de queijo *cheddar* (Sol/Vênus)

Preparo

Em uma panela, colocar um fio de azeite e pôr a carne e os temperos para cozinhar.

Depois de cozida a carne, acrescentar pimentão picado, pimenta-jalapeno, tomate picado, sal e flambar com conhaque.

Depois de flambar, acrescentar 1 copo de queijo *cheddar* e deixar cozinhar alguns minutos.

Ao servir, colocar o recheio sobre as "bolachinhas".

Complemento para as Bolachinhas:
Em uma panela, colocar:
1 fio de azeite (Sol)
1 cebola picada (Marte)
Alho frito ou cru (Marte)
Açafrão (Sol)
Sal (Lua)
Grão-de-bico cozido – feijão cozido (Mercúrio para estimular a comunicação)
Chilli (Marte)
Noz-moscada (Mercúrio)

Guacamole:
1 abacate (Vênus)
6 tomates picados sem sementes (Júpiter)
Suco de limão (Vênus)
Salsinha (Saturno)

Cebolinha (Marte)
2 dentes de alho (Marte)
2 Pimentas-chile (Marte)
Sal para abençoar (Lua)

Preparo

Cortar os tomates em pedacinhos, misturar os ingredientes no abacate, que será batido em ponto de purê.

Cinco de Paus

Lute com determinação. Fase de autoconhecimento. Relaxe, pois as águas voltarão ao seu percurso normal.

Conselho: Seja honesta consigo mesma sobre suas metas, aspirações e necessidades para realizar seus desejos.

Palavra-chave: Competição.

Frango Competitivo

6 filés de frango (Terra)
4 dentes de alho (Marte)
1 cebola (Marte)
50 g de salsinha (Saturno)
50 g de cebolinha (Marte)
1 pacote de creme de cebola (Marte)

1 xícara (chá) de vinho branco seco (Vênus)
50 g de sementes de mostarda (Sol)
100 g de mostarda francesa (Dijon) (Sol)
100 g de mostarda (Sol)
1 vidro de leite de coco (Lua)
1 lata de creme de leite (Vênus)
1 copo de requeijão (Vênus)
queijo ralado quanto basta (Sol/Vênus)

Preparo

Em uma travessa refratária, temperar os filés de frango com o alho, a cebola, a salsinha, a cebolinha, o creme de cebola, o vinho branco seco, as sementes de mostarda, a mostarda francesa, a mostarda, o leite de coco, o creme de leite.

Colocar por cima de tudo o requeijão em bolas e queijo ralado. Levar ao forno até cozinhar a carne.

Seis de Paus

Você venceu a oposição. Agora, precisa analisar ou rever alguns aspectos de sua vida. Não seja dependente de admiração. Ame-se, mesmo se os outros não a amarem.

Conselho: Refaça antigos relacionamentos. Dê sua amizade a antigos adversários. É a harmonia em família.

Palavra-chave: Paciência.

Espaguete da Espiritualidade

Massa
1 pacote de espaguete (Sol)
Óleo (Sol)
Sal (Lua)
Molho
1 xícara (de chá) de azeite (Sol)

Alho (Marte)
1 xícara de alcaparras (Vênus – Desperta o amor no coração)
1 xícara de cogumelos (Terra)
1 xícara de azeitonas (Vênus)
½ xícara de salsinha (Saturno)
½ xícara de cebolinha (Marte)
Sal a gosto (Lua)
1 lata de creme de leite (Vênus)

1 xícara de grão-de-bico cozido – Abre os caminhos do amor (Sol)

Preparo

Em uma panela, colocar água, um fio de azeite e sal. Deixar ferver e acrescentar o espaguete (pode ser qualquer macarrão).

Para o Molho

Em uma panela, colocar o azeite, o alho, as alcaparras, os cogumelos e as azeitonas. Fritar por três minutos e acrescentar a salsinha, a cebolinha, o creme de leite e o grão-de-bico. Após cozinhar, acrescentar o molho ao macarrão.

Harmonia em Família (Sobremesa)

6 copos de iogurte natural (Vênus)
100 g de farinha de banana (Vênus)
100 g de farinha de maçã (Vênus)
Stévia (açúcar natural – equilibra os batimentos cardíacos) (Lua)

Preparo

Misturar todos os ingredientes em uma travessa e levar à geladeira. Poderá acrescentar raspas de chocolate granulado.

Sete de Paus

Não deixe que os outros destruam o que levou tanto tempo para conquistar. Pense em uma estratégia. O sucesso depende de sua força interior. Não espere até se desiludir.

Conselho: Concentre-se nos desafios. Prepare-se para realizar mudanças.

É o momento de buscar algo novo em sua vida, focar sua espiritualidade e ir ao encontro de sua essência.

Palavra-chave: Coragem.

Arroz Sete Cereais

1 pacote de arroz com 7 cereais (Lua/Sol)
2 dentes de alho (Marte)
Salsinha picada a gosto (Saturno)

Cebolinha picada a gosto (Marte)
1 xícara de cogumelos (Terra)
1 colher (sopa) de suco de limão (Vênus)
1 tomate picado (Júpiter)
500 g de presunto picado em cubos (Terra)
1 lata de atum (espiritualidade) (Água)

Preparo

Fritar tudo junto; acrescentar a água e o sal para abençoar. Deixar cozinhar.

Molho para o Sete de Paus

1 colher (sopa) de alho frito (Marte)
1 colher (sopa) de cebola (Marte)
1 colher (sopa) de pimenta-rosa (Marte)
1 colher (sopa) de pimenta-da-jamaica (Marte)
1 colher (sopa) de pimenta-calabresa (Marte)
1 colher (sopa) de chilli (Marte)
1 colher (sopa) de açafrão (Sol)
1 colher (sopa) de orégano (Mercúrio)
1 colher (sopa) de tomilho (Mercúrio)
1 colher (sopa) de estragão (erva dos dragões, realização dos desejos, (sol) capacidade de ir atrás dos seus objetivos)
1 colher (sopa) de páprica picante (Marte)
1 colher (sopa) de canela em pó (Marte)
Sal (Lua)
Maionese – queijo parmesão ralado (Sol)

Preparo

Misturar tudo.

Oito de Paus

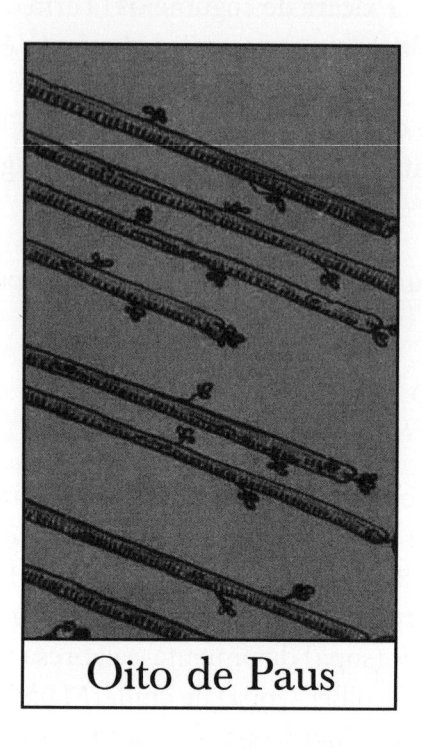

Sua vida mudou, várias oportunidades estão chegando. Conselho: Perceba e realize seus desejos.

Fala para que a gente acredite mais nos nossos sonhos. Não deixar que eles morram nunca. Tenha fé em você, pois só você é capaz de abrir seu caminho. O 8 de Paus traz uma mensagem de esperança.

Palavra-chave: Término, mas tenha esperança.

Tomates Recheados dos Sonhos

10 tomates (Júpiter – positivismo e abertura de caminho)

Preparo

Cortar a parte de cima dos tomates e retirar as sementes, formar um copinho com o tomate para que seja recheado.

Para o Recheio:
1 pote de creme de ricota (ou ricota simples) (Vênus)
50 g de requeijão (Vênus)
400 g de *cream-cheese* (Vênus)
2 dentes de alho picado (Marte)
1 fio de azeite (Sol)
100 g de cogumelos picados (Terra)
Castanha-de-caju (Xerém) (Mercúrio)
Parmesão e provolone ralado (Vênus)

Preparo

Misturar todos os ingredientes e rechear os tomates.

Salpicar castanha-de-caju (xerém) e cobrir com queijo parmesão e provolone ralado.

Enquanto monta o prato, pedir que abra os caminhos e remova os obstáculos.

Levar ao forno pré-aquecido até gratinar o queijo.

Para Acompanhar Arroz da Prosperidade
1 xícara de arroz (Lua)
1 fio de azeite (Sol)
3 dentes de alho (Marte)
1 cebola picada (Marte)
1 abobrinha picada (Dinheiro) (Vênus)
Pimenta cambuci a gosto (Marte)
Sal a gosto (Lua)

Preparo

Fritar a cebola, o alho, a abobrinha e a pimenta no azeite, acrescentar o arroz e duas xícaras de água; deixar cozinhar até o arroz ficar molinho.

Nove de Paus

Nove de Paus

Contratempos deixam você triste. Não deixe que o passado faça você ficar na defesa.

Conselho: Não perca a fé. Seja forte e será recompensada.

Já sabe para onde tem que ir, mas acha que não vai conseguir. Não sabe se vai ter coragem de fazer. Pare, respire e peça a seus Anjos ou Guardiões iluminação, pois o caminho é longo é árduo, não vai ser fácil, mas vai chegar aonde espera.

Palavra-chave: Vitória sobre uma dor ou medo.

Pernil para abrir os Caminhos

1 kg de pernil em cubos (pode substituir por carne de soja clara) (Terra)
1 fio de azeite (Sol)
1 cebola picada (Marte)

6 dentes de alho picados (Marte)
1 xícara de ervilhas tortas (Vênus)
1 copo de vinho branco seco (Vênus)
Suco de 1 limão (Vênus)
Pimenta cambuci a gosto (Marte)
Sal a gosto (Lua)

Preparo

Em uma panela, fritar a cebola e o alho no azeite, acrescentar o pernil, o vinho e o suco de limão. Cozinhar por aproximadamente 40 minutos.

Por último, acrescentar as ervilhas tortas e a pimenta cambuci, desligar o fogo e abafar.

Dez de Paus

Dez de Paus

Deixe que as outras pessoas assumam suas responsabilidades. Momento de plantar uma árvore para colher mais tarde os frutos.

Conselho: Seja generosa com seu tempo e dinheiro, e terá paz interior.

Está carregando uma carga muito pesada, mas é uma situação que a pessoa tem que passar.

Palavra-chave: Recomeço.

Pão de Alho do Crescimento

Para o Fermento Natural
200 ml de água morna (Água)
200 g de farinha de trigo (Sol)
2 colheres de sal (Lua)

Preparo

1º dia: Em um pote com tampa hermética, acrescentar 100 ml de água morna, 100 g de farinha de trigo, uma colher (café) de sal.

Misturar tudo, tampar hermeticamente e deixar de um dia para o outro.

2º dia: Repetir o primeiro dia. Tampar e deixar azedar por três dias.

Para o Pão
½ fermento natural (Lua/Sol)
2 xícaras (chá) de água morna (Água)
2 colheres (sopa) de alho amassado (Marte)
2 ovos inteiros (Sol)
2 colheres (sopa) de manteiga derretida (Vênus/Sol)
1 pitada de sal (Lua)
Farinha de trigo branca até dar o ponto de pão (Sol)

Preparo

Colocar a metade do fermento natural (ele tem que estar azedo para crescer o pão. Se você perceber que não azedou, acrescentar um envelope de fermento seco para pão), acrescentar a água, o alho, os ovos, a manteiga e o sal.

Acrescentar a farinha até dar o ponto.

Abençoar e deixar crescer até a bolinha subir. Levar ao forno pré-aquecido.

Enquanto estiver preparando a massa, pedir à Deusa Deméter (Deusa dos pães) para abençoar esse pão e aliviar a carga pesada do Dez de Paus.

Sobremesa para Prosperidade

1 lata de leite condensado (Vênus)
1 lata de creme de leite sem o soro (Vênus)
Cravo e canela em pó (Marte)
1 pote de geleia de maracujá (Vênus/Sol)

Preparo

Misturar tudo e cobrir com chantilly.

Observação: Para o amor, substituir a geleia de maracujá por geleia de morango ou framboesa. Pode, também, fazer com o suco de dois limões.

Pajem/Princesa de Paus

Pajem/Princesa de Paus

Jovem segura e orgulhosa, que quer aprender mais sobre o mundo. Um pouco cética.

Moreno, magro, alto, de olhos escuros, ele pode trazer uma notícia que não será agradável, mas você tem que transformar essa você informação em algo bom.

Conselho: Sinta a energia que está emergindo neste momento em sua vida.

Palavra-chave: Entusiasmo.

Abobrinha Recheada

6 abobrinhas sem miolo (Dinheiro) (Vênus)
1 fio de azeite (imaginar o Sol entrando na sua vida, boas notícias)
1 xícara de *bacon* (Terra)
1 xícara de carne moída (Terra)

6 dentes de alho (Marte)
1 cebola (Marte)
Cebolinha a gosto (Marte)
Salsinha a gosto (Saturno)
Açafrão (Sol)
Molho de tomate temperado (Júpiter)
Sal para abençoar (Lua)

Preparo

Tempere a carne moída com alho, cebola, cebolinha, salsinha e uma pitada de açafrão, coloque uma lata de molho de tomate temperado e sal.
Deixar cozinhar e depois rechear as abobrinhas, cobrir com queijo ralado e levar ao forno.

Cavaleiro/Príncipe de Paus

Príncipe de Paus

Pessoa dinâmica, de personalidade forte.

Trabalha a espiritualidade – jovem, forte, bonito, sensual, sabe o que quer. Tem sua espiritualidade bem definida. É uma carta que fala para você tomar uma decisão importante na sua vida.

Conselho: Mudanças irão acontecer. Enfrente os desafios de sua vida.

Palavra-chave: Decisão.

Carne da Decisão
1 fio de azeite (Sol)
1 cebola (Marte)
6 dentes de alho (Marte)
1 kg de carne moída (ou carne de soja defumada) (Terra)
Pimenta da jamaica a gosto (Marte)
1 xícara de tomate-seco (Júpiter)

3 colheres de semente de chia (substitui a papoula) (Mercúrio)
1 xícara de uva-passas (Focar no presente) (Vênus)
Pimenta-jalapeno e gengibre ralado ou em pó (Marte/Sol))
Orégano a gosto (Mercúrio)
Sal a gosto (Lua)
1 xícara de caldo do tomate-seco
Mostarda em grãos (Sol)
Salsinha a gosto (Saturno)
Cebolinha a gosto (Marte)

Preparo

Em uma panela, refogar todos os ingredientes. Sirva com arroz branco ou pão integral.

Rainha de Paus

Rainha de Paus

Pessoa amiga, que dá apoio, independente e sincera. Desejo de viver e de ser alegre. Sua impaciência pode irritar você.

Mulher bonita, sedutora, sabe o que quer, sabe que é uma pessoa extremamente conquistadora e de integridade fenomenal. Estimula algo pessoal na sua vida (pessoa mais velha que o consulente).

Conselho: Lembre-se de sua força interior. Acredite em sua energia contagiante.

Palavra-chave: Determinação, confiança.

Estrogonofe da Rainha

½ kg de alcatra ou proteína de soja
(hidratar com água morna) (Terra)
Azeite (Sol)
Cebola (Marte)
Alho (Marte)

Pimenta-jalapeno em conserva (Marte)
Tomate picado (Júpiter)
Açafrão (Sol)
1 colher (de sopa) farinha de berinjela (Vênus)
Azeitonas sem caroço (para retirar todas as dificuldades) (Vênus)
1 lata de extrato de tomate (Júpiter)
200 g de mostarda escura (Sol)
Sal para abençoar (Lua)
Conhaque para flambar (Sol)
1 lata de creme de leite (Vênus)

Preparo

Em uma panela, colocar a alcatra, o azeite, a cebola, o alho, a pimenta em conserva, o tomate picado, o açafrão, a farinha de berinjela, as azeitonas, o extrato de tomate, a mostarda escura e o sal para abençoar. Após refogar por cinco minutos, colocar o creme de leite e, com o conhaque, flambar e deixar cozinhar.

Rei de Paus

Rei de Paus

Homem ambicioso, que não faz nada pela metade. É capaz de atravessar altos perigos para conseguir o que quer.

Pessoa forte, decidida, sabe o que quer, tem uma espiritualidade muito ativa. O Rei comanda, tem brilho e iluminação (pessoa mais velha que o consulente).

Conselho: Siga sua intuição. Tenha ação em sua vida. Seja mais ativo e produtivo.

Palavras-chave: Magnetismo, força interior.

O Trono do Rei

12 ovos inteiros (Sol)
1 lata de seleta de legumes com batata (ou cozinhar os legumes, cenoura/Mercúrio, ervilha comum, batata)

1 lata de creme de leite (Vênus)
1 cebola picada (Marte)
Salsinha e cebolinha a gosto (Saturno/Marte)
Pimenta chilli a gosto (Marte)

Preparo

Untar com manteiga uma tigela, fazendo o trono do Rei. Misturar os ovos com cebola picada, salsinha, cebolinha, pimenta chilli e a seleta de legumes. Derramar essa omelete sobre o trono do rei, levar ao forno para assar. Depois que os ovos cozinharem (no forno), acrescentar queijo ralado e levar ao forno para gratinar.

Sugestão de acompanhamento: arroz branco com cenoura.

NAIPE DE OUROS (Terra)
Estabilidade/Prosperidade/Saúde Física
Ás de Ouros

É o projeto de algo que você deseja concluir. Você tem o caminho aberto para realizar seu sonho.

Torta da Concretização

Esta receita traz abertura e firmeza para a concretização do projeto.
Conselho: Dê atenção aos seus sonhos. Procure não desperdiçar tempo e energia. Tenha foco.
Palavra-chave: Criação.

Massa:
2 xícaras (de chá) de farinha de trigo (Sol)
150 g de manteiga (Vênus)

½ xícara (de chá) de salsinha picada (Saturno)
½ xícara (de chá) de cebolinha picada (Marte)
1 pitada de pimenta-calabresa (Marte)

Preparo

Misturar 2 xícaras (chá) de farinha de trigo e 150 g de manteiga para fazer a massa podre. Acrescentar salsinha, cebolinha e pimenta-calabresa (pouco). Forrar uma forma redonda (simboliza a moeda) com a massa podre e ir firmando o pedido de realização do seu projeto. Na massa podre você pode colocar gengibre, alecrim, noz-moscada.

Recheio:
4 colheres (de sopa) azeite (Sol)
8 colheres (de sopa) proteína de soja defumada (força, determinação e iniciativa) (Sol)
3 ovos (Sol)
1 lata de creme de leite com soro (Vênus)
Cebolinha, salsinha (pode usar o tempero da Temperança) páprica picante e noz-moscada.

Preparo

Cobrir a massa podre com essa mistura e, por último, cobrir com queijo suíço ralado + parmesão (pode usar qualquer queijo amarelo) Levar ao forno para assar.

Mentalize seus sonhos realizados.

Dois de Ouros

Dois de Ouros

Já decidiu qual o projeto que vai realizar? Acredite e faça.
Conselho: Tenha jogo de cintura e tudo vai dar certo
Palavras-chave: Mudança, adaptabilidade.

Anéis da Realização

100 g de farinha de trigo (Sol)
30 g de maisena (Sol)
1 ovo (Sol)
Uma colher (de sopa) de azeite (Sol)
1 cebola (Marte)

Preparo

Misturar tudo. Assim, teremos uma massa toda de prosperidade. Pegar pedacinhos dessa massa e enrolar em um anel de cebola (a cebola dá a estrutura para realização do desejo). Após, fazer o anel com a massa e a cebola; fritar.

Três de Ouros

Aquele momento em que você sabe qual é seu projeto, mas não tem dinheiro para executá-lo. Esta receita é para atrair esse capital para realizar o projeto.
Conselho: Invista na sua comunicação.
Palavras-chave: Trabalho em equipe, colaboração.

Virado de Ouros

3 xícaras (de chá) de proteína de soja ou carne moída (Sol)
1 xícara (de chá) de cebola picada (Marte)
3 dentes de alho picadinho (Marte)
1 pimentão verde picadinho (Marte)
2 tomates picados (Júpiter)
2 colheres (de sopa) de azeite (Sol)

1 caixa de creme de leite (Vênus)
Azeitonas picadinhas em rodelinhas (Vênus)
Pimenta de bico (Marte)
Salsinha e cebolinha (Marte/Saturno)
3 ovos inteiros (Sol)
Sal para abençoar (Lua)

Preparo

Colocar tudo em um pirex e misturar, acrescentando o creme de leite em espiral. Levar ao forno por cerca de 40 minutos.

Quatro de Ouros

Quatro de Ouros

É a organização familiar. Quando você passa por um período sem dinheiro e acumulou dívidas, agora está começando a ganhar. É a organização financeira da família.

Conselho: Não tenha medo de realizar seus projetos. Tudo vai dar certo.

Palavras-chave: Estabilidade, poder.

Bolo da Prosperidade

Esta receita é para criar uma nova estrutura, uma nova organização familiar em relação a dinheiro.

2 xícaras (chá) de farinha de trigo (Sol)
4 ovos inteiros (Sol)
1 laranja inteira com casca (Vênus)

2 xícaras (de chá) de açúcar (Vênus)
1 colher (de sopa) de fermento em pó (Lua)
1 xícara (de chá) de óleo (Sol)

    Bater tudo no liquidificador. Acrescentar a farinha de trigo e o fermento em pó. Misturar tudo. Enquanto mistura, ir pedindo a organização nas finanças.

Cinco de Ouros

Cinco de Ouros

É uma lâmina muito legal. É quando você recebe um presente, toda a família reunida e amigos trazendo coisas boas para todos. Alegria e felicidade de poder bancar uma festa para todos.

Conselho: Não deixe que assuntos pesados tire sua alegria no presente.

Palavra-chave: Recuperação de perda.

Salada Alegre

Alface (compreensão, colocar-se no lugar do outro, compreender o outro) (Lua)
Soja (Sol)
Manjericão (equilíbrio de todos os chacras para felicidade e bem-estar) (Mercúrio/Sol)
Tomate-cereja (simboliza uma moeda) (Júpiter)
Queijo ralado (Vênus)

Azeitona sem caroço (Vênus)
Sal (Lua)
Cebola (Marte)
Azeite (Sol)

Preparo

Misturar tudo e temperar com o tempero da temperança + crótons.

Seis de Ouros

É quando levamos a nossa riqueza para a nossa família. Simboliza a prosperidade nela.

Conselho: Tenha certeza de que sua generosidade será recompensada.

Palavras-chave: Dar e receber, abundância.

Arroz da Prosperidade Familiar

1 fio de azeite (Sol)
1 cebola picada (Marte)
6 dentes de alho (Marte)
½ xícara de salsinha (Saturno)
½ xícara de cebolinha (Marte)
1 tomate picadinho (Júpiter)

1 pacote de ervilha (representa o dólar) (Vênus)
Cogumelo (Terra)
1 cenoura ralada (Mercúrio)
3 xícaras (chá) de arroz integral Raris com cenoura (ou a cenoura ralada) (Lua)
6 xícaras (de chá) de água (Água)
Sal para abençoar (Lua)

Preparo

Depois de cozido, colocar em uma forma, acrescentar o creme de leite, cobrir com queijo ralado e levar ao forno até gratinar.

Sete de Ouros

Quando você decide que vai ganhar dinheiro e esse dinheiro não vai tomar conta de você, por não ser materialista. É o momento de doação, de compartilhar, é o momento da espiritualidade.

Conselho: Momento de superação de todos os obstáculos. Você está prestes a encontrar um verdadeiro tesouro em sua vida.

Palavras-chave: Perseverança, reflexão, consciência.

Salada de Tomate de Ouro

Tomates cereja (Júpiter)
3 colheres (sopa) de vinagre de maçã (Vênus)
¼ de xícara(chá) de azeite (Sol)
7 pimentinhas de bico (Marte)
Salsinha (Saturno)

Cebolinha (Marte)
Orégano (Mercúrio)
Folhas de manjericão (Vênus)
Sal (Lua)
1 pitada de açúcar (Vênus)

Preparo

Fazer o molho e deixar marinar os tomates.

Oito de Ouros

Oito de Ouros

Você já conseguiu dinheiro e prosperidade, o emprego está garantido ou seu projeto já está concretizado. Você vai receber o primeiro pagamento, que é o resultado positivo do seu trabalho de fazer as coisas com amor e dedicação.

Conselho: Momento de realização. Para conseguir o que você deseja, tenha atitude.

Palavras-chave: Trabalho, prudência, lucro.

Lasanha da Fortuna

Em uma forma, colocar rodelas de abobrinha, simbolizando as moedas.

Ir montando assim: uma camada de rodelas de abobrinha, uma camada de cebola picada, uma camada de tomate picado, 3 ovos inteiros batidos (jogar por cima de cada camada) + orégano +sal +farinha de rosca (salpicar a farinha por cima) + uma pimenta calabresa. Por último, a camada de abobrinha. Cobrir com creme de leite em espiral e queijo parmesão ralado, ou 3 queijos. Levar ao forno por aproximadamente 30 minutos.

Nove de Ouros

É quando você sabe que já tem a prosperidade. Sabe que é merecedor dessa prosperidade, tem a proteção do Universo e a fertilidade na sua mão. É quando o Universo conspira a seu favor.

Conselho: Você está no caminho certo para alcançar seus objetivos.
Palavra-chave: Recompensa.

Maionese Verde

1 abacate picadinho (amor e conquista, tudo o que é bom) (Vênus)
1 copo de iogurte (Vênus)
Mostarda escura (Sol)
9 cogumelos picados (Terra)
9 tomates seco (Júpiter)
Sal (Lua)
1 cenoura ralada (Mercúrio)

Preparo

Fazer esta mistura e comer com folhas de endívia. Mentalize todas suas recompensas.

Dez de Ouros

É a prosperidade plena e absoluta; tudo o que você deseja em sua vida vai se realizar. É a concretização em todos os sentidos.

Conselho: Você percorreu com sucesso seu caminho. Tudo de bom estará acontecendo com você.

Palavra-chave: Realização.

Pãezinhos da Prosperidade

8 tabletes de fermento biológico – se for usar fermento seco são 4 pacotinhos (Lua)
1 colher (sopa) de sal do Himalaia (Lua)
1 kg de farinha de trigo (Sol)
Alecrim (ouro, realização) (Sol)
Azeitonas sem caroço (moeda) (Vênus)
Água até dar liga (Água)

Preparo

Misturar o fermento, a farinha, o sal, o alecrim, a azeitona e a água. Ir amassando e mentalizando tudo de prosperidade.

Abençoar o pão e ir fazendo miniatura de pães.

Pajem/Princesa de Ouros

Pajem/Princesa de Ouros

Uma moça bonita que tem facilidade para ganhar dinheiro.
Conselho: Confie em uma pessoa mais jovem que você. Tenha perseverança.
Palavra-chave: Oportunidades.

O Anel da Princesa

Derreter em uma frigideira uma colher cheia de manteiga (Vênus). Quando estiver quente, colocar aos poucos rodelas médias de maçã (Vênus). Retirar assim que começarem a ficar transparentes. Reservar em uma travessa de vidro.
Cobertura
Em uma panela à parte, colocar 200 g de amêndoas (inteiras e picadas) (Mercúrio), misturar um pote de nata (pode ser substituída por creme de leite ou iogurte) (Vênus). Acrescentar uma colher

de baunilha (Vênus), uma colher de mel (Saturno), uma pitada de canela em pó (Marte) e a manteiga que restou na frigideira em que as maçãs foram douradas. Regar as maçãs com esta cobertura. Fica muuuuuito bom!!!

Cavaleiro/Príncipe de Ouros

Um rapaz muito lindo, que fala bem, sabe se comportar e tem facilidade para ganhar dinheiro.

Conselho: Aplique-se em um projeto e tenha determinação para terminá-lo.

Palavras-chave: Trabalhador, confiável, conservador.

Moedas de Bacalhau

Tirando o sal do bacalhau:

Deixar de molho 650 g de bacalhau (Lua – equilíbrio emocional) em uma vasilha com água na geladeira por 12 horas para tirar o sal. Trocar a água a cada duas horas.

Preparo

Desfiar o bacalhau, adicionar um copo de leite (Vênus) e levar ao fogo de 5 a 10 min. Quando começar a ferver, desligar o fogo.

Cozinhar e amassar 1 kg de batatas; deixar esfriar. Adicionar um ovo (o dinheiro do príncipe), salsinha (vencer obstáculos), cebolinha (ter iniciativa), alho, cebola, rodelas de azeitona (Vênus – simbolizam moedas) e acrescentar farinha de trigo até dar liga.

Montar as moedinhas usando duas colheres e fritar em óleo fervente. Pense nos seus projetos e na realização deles.

Rainha de Ouros

Rainha de Ouros

É uma mulher alta, formosa, loura, rica, que sabe trabalhar muito bem com dinheiro, mandona, gosta de dar ordens. O prato é para você tomar as rédeas da situação e sua palavra ser cumprida.

Conselho: Use sua sensualidade e sua força feminina para atingir seus objetivos.

Palavras-chave: Calma, tranquilidade, generosidade, prosperidade.

Quibe Assado da Rainha

½ quilo de proteína de soja defumada (soja é ouro) (Sol)
Água suficiente para cobrir a proteína (Água)
1 tomate (Júpiter) picado, 1 cebola (Marte) picada, um dente de alho (Marte), um punhado de orégano (Mercúrio), uma pitada de louro em pó (Sol), pimenta-rosa a gosto (Marte), 50 g de queijo ralado (Vênus), um pouquinho de leite (Vênus), 2 ovos inteiros (Sol), um pouquinho de trigo (Sol) para dar o ponto de um bolinho mole. Abençoar com sal, cobrir com o queijo ralado e levar ao forno por cerca de 20 minutos.

Rei de Ouros

Rei de Ouros

É um homem moreno de Capricórnio, Leão ou Sagitário. Ele tem muito dinheiro, mas é mão de vaca, avarento. É um homem bem-sucedido e fiel. É uma pessoa que sabe o que quer financeiramente. Não sabe demonstrar seus sentimentos. É um ótimo administrador.

Conselho: Você terá suporte de um homem mais velho. Momento de grande segurança em sua vida.

Palavras-chave: Sucesso, estabilidade, lealdade, conservador.

Moqueca de Banana Prata

Em uma panela, colocar azeite, (Sol) 1 lata de milho (Sol), alho (Marte), coentro em pó ou fresco (Marte), tomate picadinho (Júpiter), cebolinha (Marte), salsinha (Saturno), colorau (Vênus) e 6 bananas-prata cortadas em rodelas (Júpiter – masculinidade do Rei de Ouros).

1 vidro de leite de coco (Vênus/Lua).

Preparo

Deixar cozinhar por três minutos.

NAIPE DE ESPADAS (Ar)

Trabalha com o elemento Ar, com nosso pensamento e a capacidade de entender o que vai à sua volta.

Ás de Espadas

Ás de Espadas

Carta da vitória. Situação estressante deve ser resolvida.
Conselho: Terá sucesso, se equilibrar suas emoções. Um projeto, o sonho.
Palavra-chave: Hora de agir.

Peixe do Equilíbrio Emocional

Uma luta consigo mesmo, este prato representa tirar do pensamento e transformar em realidade.
(Para abrir o pensamento e equilibrar nossas emoções)

1 kg de filé de linguado (Água)
1 limão (Vênus)
Sal da Bruxa a gosto (Lua)
1 cebola picada (Marte)
1 fio de azeite (Sol)
1 xícara de alcaparras (Mercúrio)
Pimenta calabresa a gosto (Marte)

Preparo

Espalhar filés de linguado em uma forma refratária. Temperá-los com limão e sal da Bruxa. Reservar.

Colocar em uma frigideira uma cebola picada, um fio de azeite, alcaparras (regidas por Mercúrio – fazem com que seus sonhos saiam da mente e se tornem realidade); pimenta calabresa; dar uma fritada rápida.

Espalhar este tempero sobre os filés, cobrir a travessa com papel alumínio e levar ao forno.

Dica: usar o papel alumínio com a parte brilhante para baixo.

Molho de maracujá para acompanhar

Levar uma panela ao fogo, colocar um fio de azeite, meia cebola picada, uma caixa de creme de leite, salsinha, cebolinha, sal e a polpa de dois maracujás. Sirva à parte com os filés para ter equilíbrio emocional em suas decisões.

Dois de Espadas

Dois de Espadas

Dificuldade para tomar decisões. Não consegue ver a solução do problema.

Conselho: Não deixe conflitos interiores afetarem sua comunicação e sua tomada de decisão.

Início efetivo do sonho. Você está fechada no próprio projeto. Palavra-chave: Sufoco.

Salada Rica (este prato favorece a abertura do pensamento e para ouvir outras opiniões)

1 kg de batata pequena, tipo aperitivo (Lua)
Tempero da Temperança a gosto
½ xícara de azeitona (Vênus)
½ xícara de picles (Saturno)

½ xícara de cebolinhas em conserva (Marte)
½ xícara de cogumelo em conserva (Terra)

Preparo

Cozinhar à parte a batata aperitivo. Depois de cozidas, adicionar o tempero da lâmina da Temperança.

Misturar em uma travessa azeitonas (para tirar as dificuldades), picles (para nos mostrar que, por mais azeda que seja a vida, sempre você vai encontrar algo positivo), cebolinhas e cogumelos em conserva. Misturar as batatas temperadas.

Forrar uma saladeira com folhas de alface à volta e adicionar no centro da travessa a mistura acima.

Três de Espadas

Falta de Comunicação.

Conselho: Não fique triste com fatos negativos. As coisas vão melhorar. Quando a gente comunica o sonho.

Nosso herói é morto com três espadas no coração, porque não escutou o que se passava ao redor dele mesmo.

Palavras-chave: Conflito, tristeza.

Fondue de Queijo da Comunicação

1 copo de requeijão (Vênus)
1 caixa de creme de leite (Vênus)
125 g de queijo muçarela (Vênus)
50 g de queijo prato (Vênus/Sol)
50 g de queijo provolone (Vênus/Sol)
25 g de queijo gorgonzola (Vênus)
1 pitada de sal da Bruxa (Lua)

Preparo

Coloque em uma panela, em fogo médio, o requeijão e deixe amolecer, mexendo sempre. Cuidado para não queimar. Aos poucos, vá acrescentando os outros queijos. Mexa até que derretam um pouco, mas não muito. Sirva quente em um *réchaud*. Sirva com pedaços de pão (Sol), batatas cozidas (Lua) ou presunto cozido (Terra) Tenha certeza de que tudo vai se resolver.

Quatro de Espadas

Quatro de Espadas

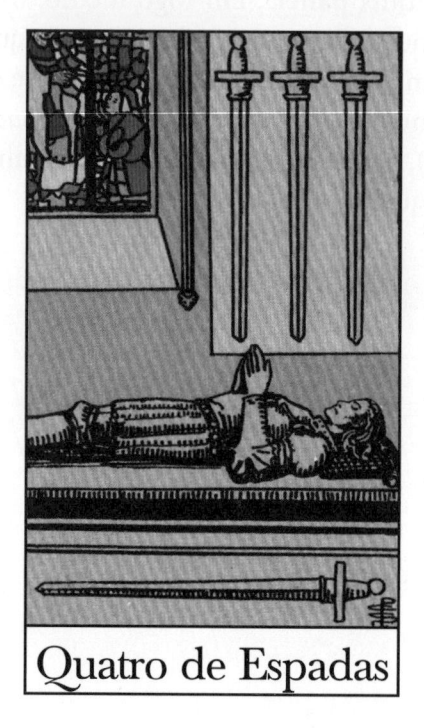

É hora de descansar. Uma mudança é necessária.
Conselho: Ficará em paz, mas não se isole.
Quando a gente organiza o sonho. Momento de parar, organizar o pensamento, meditar e decidir o que realmente deseja.
Palavras-chave: Esgotamento mental, cansaço.

Batidão da Espada (uma receita para repor as energias)

12 ovos (Sol)
1 xícara de leite (Vênus)
1 xícara de *cheddar* (Sol)
½ xícara de cebolinha (Marte)
½ xícara de salsinha (Saturno)
2 xícaras de batata (Lua)
1 pitada de sal (Lua)
1 fio de azeite (Sol)

Preparo

Bater em uma vasilha os ovos, adicionar a o leite, o *cheddar*, uma pitada de sal, um fio de azeite, as batatas ralada cruas, salsinha e cebolinha a gosto. Colocar a mistura em uma assadeira e levar ao forno.

Cinco de Espadas

Cinco de Espadas

Rompimento ou briga. Amigos podem não ser para sempre.
Conselho: Cuidado com aspectos negativos do seu caráter. Aja positivamente. Impasse. É o momento de tomar uma decisão.
Palavras-chave: Conflito, derrota.

2 peras (Lua)
1 xícara de suco de laranja (Vênus/Sol)
2 colheres (de sopa) de anis-estrelado (Mercúrio)
Açúcar a gosto (Lua)

Peras Positivas

Cortar as peras em cubos e regar com suco de laranja + anis-estrelado + açúcar orgânico. Tampar a panela e deixar cozinhar por cinco minutos. Depois de cozido, flambar com conhaque. Cobrir com castanha-do-pará. Pode servir com sorvete.

Seis de Espadas

Precisa se afastar dos aspectos negativos que o cercam, para se restabelecer.

Conselho: Perceba que tem novas habilidades e forças; foi isso que o tornou mais forte.

Cortar os laços com o passado e seguir em frente. Começar algo novo.

Palavra-chave: Recuperação.

Mandioquinha da Recuperação

1 ovo inteiro (Sol)
1 colher (de sopa) de mostarda em grão (Sol)
2 colheres (de sopa) de manteiga (Sol/Vênus)
1 copo de suco de laranja (Sol)
Orégano (Mercúrio)

Cebolinha a gosto (Marte)
Salsinha a gosto (Saturno)
Sal para abençoar (Lua)
½ kg de mandioquinha (Sol/Saturno)
1 pacote de creme de cebola (Marte)
1 iogurte natural (Vênus)

Preparo

Para o creme: 1 ovo inteiro, uma colher (sopa) mostarda em grãos, 2 colheres (sopa) de manteiga derretida, suco de uma laranja, orégano, cebolinha, salsinha, sal para abençoar e iogurte. Em uma frigideira com 1 fio de azeite, colocar mandioquinhas já cozidas cortadas em rodelas e creme de cebola; misturar. Acrescentar o creme acima, cobrir com queijo parmesão ralado, tampar e cozinhar por alguns minutos.

Sete de Espadas

Sete de Espadas

Talvez seja necessário fazer um sacrifício. Atenção para a saúde e segurança.

Conselho: Perceba que há novas habilidades e forças; foi isso que a tornou mais forte.

Possibilidades que o Universo vai lhe oferecer desde que você tenha outro olhar. Abra a mente e não fique pensando em uma coisa só. Saia do marasmo. Cuidado com traições ou trapaça.

Palavras-chave: Traição, trapaça.

Creme de Ricota com Atum

½ kg de ricota em farelo (Vênus)
2 colheres de leite em pó (Vênus)
1 xícara (de chá) de água (Água)
1 colher (de sopa) de manteiga (Sol/Vênus)

1 lata de atum (Água)
Orégano a gosto (Mercúrio)
Cebolinha a gosto (Marte)
Salsinha a gosto (Saturno)
½ xícara de alho (Marte)
1 cebola picada (Marte)
Sal a gosto (Lua)

Preparo

Misture todos os ingredientes mentalizando novas oportunidades. Sirva com torradas.

Oito de Espadas

Oito de Espadas

Sentimentos de frustração.

Conselho: Você se sente em uma armadilha. Chegou a hora de encontrar uma solução e planejar o futuro.

Esse um novo caminho, uma iniciação, para que você encontre coisas boas. Pode receber ajuda de pessoas à sua volta.

Palavras-chave: Impotência, isolamento, bloqueio.

Batatas da Renovação

½ kg de batatas cozidas (Lua)
Sal a gosto (Lua)
1 fio de azeite (Sol)
1 pote de maionese (Vênus)
2 gemas (Sol)
2 colheres (de sopa) de amido de milho (Sol)

Pimenta calabresa a gosto (Marte)
1 xícara (de chá) de queijo minas (Vênus)
1 xícara (de chá) de queijo parmesão (Sol)
2 claras em neve (Sol)

Preparo

Batatas cozidas e descascadas. Enquanto descasca, mentalizar tudo o que você quer tirar da sua vida, todas as dificuldades. Amassar as batatas (enquanto amassa, pedir que a energia da espada dê forças e iniciativa para começar o(s) projeto(s) que estão dentro de si). Colocar sal e um fio de azeite. Forrar uma marinex com a batata. À parte: 1 pote de maionese, 2 gemas, 2 colheres (sopa) de amido de milho, sal da Bruxa, pimenta calabresa. Misturar tudo e colocar sobre a batata. Acrescentar queijo minas em cubos e cobrir com queijo parmesão ralado. Bater a clara em neve (mentalizando prosperidade), cobrir a batata e levar ao forno.

Nove de Espadas

Sensação de isolamento e tristeza ficarão maiores se não falar e se afastar dos outros.

Conselho: Sua depressão logo passará e você ficará contente novamente. Momento para se afastar de tudo e de todos e encontrar dentro de você a solução de suas dúvidas.

Palavras-chave: Preocupação, angústia.

Pimentões Refogados

2 pimentões amarelos (Marte)
1 fio de azeite (Sol)
½ xícara de damasco (Sol/Vênus)
½ xícara de cogumelo (Terra)
½ xícara de cebola e alho picados (Marte)
½ xícara de soja em grão (Sol)
Sal a gosto (Lua)

Preparo

Refogar em uma frigideira com um fio de azeite pimentões amarelos cortados em tiras, damascos, cogumelos, cebola e alho picados. Adicionar soja em grãos cozida e sal a gosto. Salpicar com salsinha e cebolinha.

Dez de Espadas

Dez de Espadas

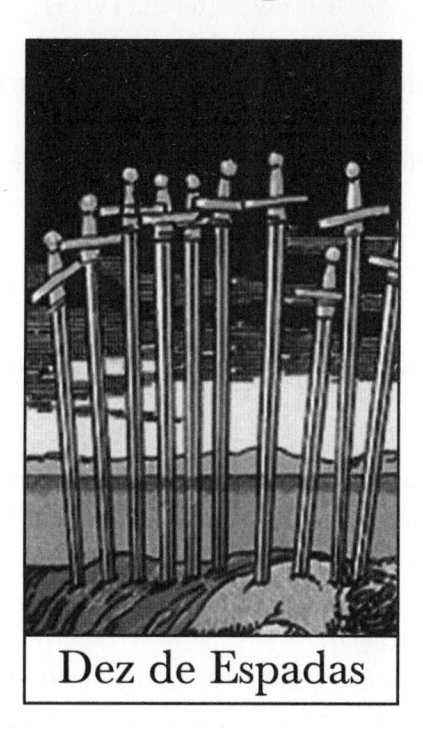

Mudanças acontecendo agora parecem traumáticas, mas ajudarão você a enfrentar outros problemas.

Conselho: Fim de uma situação negativa e o começo de mudança.

Este é o símbolo um caminho novo, a sabedoria para ultrapassar as dificuldades do consulente que está com dez espadas fincadas no coração.

As espadas simbolizam dificuldades e devem ser usadas para cortar as cabeças de quem está enchendo o saco, ou cortar suas lágrimas.

Palavra-chave: Fim do sofrimento.

Arroz Frito (para pôr fim ao sofrimento)

1 fio de azeite (Sol)
½ xícara de cebola e alho picados (Marte)
1 cenoura ralada (Mercúrio)

½ xícara de brócolis (Terra)
½ xícara de shitake (Terra)
½ xícara de salsão (Saturno)
½ xícara de broto de feijão (Mercúrio)
Sal a agosto (Lua)
Pimenta calabresa a gosto (Marte)
Manjericão a gosto
Orégano a gosto (Mercúrio)
½ xícara de castanha-de-caju (Mercúrio)
4 colheres de *shoyu* (Sol)
2 xícaras de arroz cozido (Sol/Lua)

Preparo

Colocar em uma panela azeite, cebola, alho, cenoura ralada, brócolis (Terra – dá estabilidade). Adicionar shitake e salsão picados (Saturno – para tirar as dificuldades). Refogar tudo, abençoar com sal. Adicionar broto de feijão levemente fervido (Mercúrio – para estimular a comunicação).

Adicionar pimenta calabresa, manjericão (para equilibrar os chacras), orégano (Mercúrio – para alegria), castanha-de-caju triturada e *shoyu*. Por último, adicionar o arroz cozido (Sol/Lua – que é a realização de nossos desejos).

Pajem/Princesa de Espadas

Pajem/Princesa de Espadas

Uma jovem segura e ingênua que pode precipitar as situações.

Uma moça linda, morena, que sabe o que quer; é rebelde, vai atrás dos objetivos, sabe se impor, não fala à toa, mas com sabedoria, jovialidade.

Conselho: Observe todas as suas atitudes. Não seja impulsivo.

Palavra-chave: Novos ventos surgirão.

Refogado da Atitude

½ xícara de alho (Marte)
½ xícara de cebola (Marte)
½ xícara de cenoura (Mercúrio)
½ xícara de espinafre (Lua)
½ xícara de azeite (Sol)
Pimenta calabresa a gosto (Marte)

Sal a gosto (Lua)
Cebolinha a gosto (Marte)
Salsinha a gosto (Saturno)
Orégano a gosto (Mercúrio)
1 pimentão vermelho (Marte)
1 pimentão verde (Marte)
1 pimentão amarelo (Marte)

Preparo

Refogar alho, cebola, azeite, pimenta calabresa, manjericão, três tipos de pimentão picados, cenoura ralada, espinafre picado.

Sirva com arroz branco.

Cavaleiro/Príncipe de Espadas

Príncipe de Espadas

Alguém inteligente e habilidoso.
É um guerreiro, vai atrás do que deseja. Moreno, mais novo que o consulente, muito ativo. O prato a seguir traz ação e sabedoria.
Conselho: Tenha coragem para lutar pelos seus objetivos. A ação e a sabedoria devem andar juntas em sua vida.
Palavras-chave: Ambição, ousadia.

Legumes da Sabedoria

Legumes em cubo à vontade:
Abobrinha (Lua)
Pimentão (Marte)
Tomate-cereja (Júpiter)
Berinjela (Lua)
Azeite (Sol)

1 xícara de cebola picada (Marte)
1 colher (de sopa) de mel (Saturno)
1 colher (de sopa) de gergelim (Mercúrio/Sol)
1 colher de páprica picante (Vênus)
1 colher (de sopa) de noz-moscada (Mercúrio/Sol)
1 colher (de sopa) de pimenta calabresa (Marte)
Salsinha a gosto (Saturno)
Cebolinha a gosto (Marte)

Preparo

Espetar em espetos pedaços cortados em cubos dos seguintes legumes e levar à churrasqueira:
Abobrinha (Lua) – capacidade de ter realização com sabedoria
Pimentão
Tomate cereja
Berinjela (Lua Minguante) – Deusa Hécate

Em uma frigideira, colocar um fio de azeite (para iluminar o caminho), adicionar cebola picada, uma colher (sopa) de mel, gergelim, uma colher de páprica picante, uma colher de noz-moscada e uma colher de pimenta calabresa. Abençoar com Sal da Bruxa. Acrescentar salsinha e cebolinha a gosto.

Cobrir os espetinhos com esse molho, após estarem assados.

Rainha de Espadas

Dama inteligente, mas impulsiva.

Mulher poderosa, sabe o que quer, pensa muito. Regida pelos signos de Gêmeos, Aquário e Libra. É uma pessoa muito justa, honrada e comunicativa. O prato a seguir deve ser servido quando precisar usar sua força em uma decisão.

Conselho: Você tem um horizonte todo à sua frente para ser explorado.

Palavra-chave: Insensibilidade.

Ricota da Rainha

1 ricota (Vênus)
1 lata de creme de leite (Vênus)
1 cenoura (Mercúrio)
Sal a gosto (Lua)

Azeite (Sol)
Salsinha (Saturno)
Cebolinha (Marte)
Orégano (Mercúrio)
Morangos picados (Vênus)

Preparo

Esfarelar em um pirex uma ricota. Mentalizar a eliminação dos obstáculos. Acrescentar uma lata de creme de leite, uma cenoura ralada, sal da Bruxa, azeite, salsinha e cebolinha frescas, orégano. Espalhar por cima morangos picados em formato de coroa.

Rei de Espadas

Pessoa justa que conhece seus pensamentos.

Homem moreno alto, grisalho, mais velho que o consulente, teimoso. O que ele fala, quer que seja executado. Traz a certeza de um caminho, tira as dúvidas.

Conselho: Organize seu pensamento, crie novas estratégias. Palavras-chave: Verdade, autoridade.

Quibe do Rei

1 fio de azeite (Sol)
Trigo de quibe (Sol)
Soja em grão (Sol)
Sal marinho a gosto (Lua)
Azeitonas (Vênus)
Canela em pó (Marte)
Cebola (Marte)
Alho (Marte)
1 ovo (Sol)

Preparo

Pegar uma fôrma marinex, untar com azeite, forrar com trigo de quibe hidratado. Colocar uma camada de soja em grãos cozida (Sol – iluminar a ação do consulente). Adicionar um fio de azeite, sal marinho, hortelã, azeitonas picadas, salpicar com canela em pó, cebola picada, alho, um ovo batido e colocar mais uma camada de trigo. Levar ao forno.

NAIPE DE COPAS (Água)

Esse naipe está ligado ao elemento Água e rege nossas emoções.

Dica da Bruxa:

Refogado para Apaziguar Brigas de Casal

Um maço de couve.

Preparo:

Pegar as folhas limpas, enrolar e cortar bem finas. Enquanto preparar, mentalizar para que seja retirada toda a energia de briga do casal e devolvida a harmonia ao lar. Após cortar, refogue com azeite, cebola, alho, alecrim – para tirar mágoas (se tem hipertensão, tomar chá de alpiste), acrescentar mortadela picadinha (pode ser lombo, presunto ou peito de peru). Está feito, o casal tem que comer.

Ás de Copas

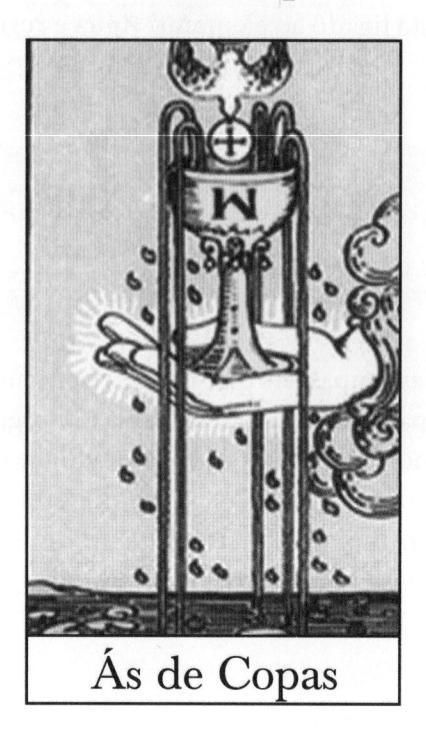

Conselho: Um novo amor surgindo. Abra seu coração ao novo.
Palavras-chave: Amor, amizade, fertilidade.

Ponche do Amor

1 garrafa de champanhe (Vênus)
1 litro de suco de laranja (Sol)
1 taça de conhaque (Sol)
Canelas em pau (Marte)
Frutas picadas:
Morango (Vênus)
Pera (Lua/Vênus)
Mamão (Vênus/Júpiter)
Carambola (Sol/Júpiter/Vênus)
Laranja (Sol)
Maçã (Vênus)

Preparo

Colocar em uma poncheira a champanhe, o suco de laranja e o conhaque. Adicionar canela em pau, morangos, mamão, peras, carambolas, laranjas e maçãs picadas.

Misturar tudo pedindo as bênçãos de Vênus, com abertura dos caminhos do amor.

Dois de Copas

Dois de Copas

Você já conheceu a pessoa de interesse, agora quer experimentar.
Conselho: Acredite no amor. Seu relacionamento será saudável e harmonioso.
Palavras-chave: Harmonia, casamento, união.

Ambrosia dos Deuses

1 lata de leite condensado (Vênus)
1 lata e ⅓ de leite fresco (Vênus)
4 ovos (Sol)
1 colher (de sopa) de conhaque (Sol)

Preparo

Colocar o leite condensado e o leite fresco. Levar ao fogo e mexer até alcançar a fervura. Então, quebrar os ovos e continuar mexendo sem parar. Quando estiver bem cozido, pode se adicionar um pouquinho de conhaque.

Para produzir uma ambrosia marrom-escura, podemos substituir o leite condensado por calda de açúcar e adicionar o leite.

Três de Copas

Três de Copas

Estimular nossa comunicação para que saiba o que falar para a pessoa amada. Enquanto prepara o prato, pedir que a Lua abençoe sua comunicação.

Conselho: Vá mais em festas. Saia com os amigos. Pratique seus *hobbies*.

Palavras-chave: Celebrações, abundância.

Salada do Amor

Folhas à vontade de:
Alface (Lua)
Agrião (Vênus)
Tomate-cereja (Júpiter)
Mandioquinha (Sol)
Azeitonas (Vênus)

Cebolinha (Marte)
Orégano (Mercúrio)
Azeite (Sol)
Vinagre balsâmico (Saturno)
Sal da Bruxa (Lua)
Queijo ralado (Vênus)

Preparo

Colocar folhas de alface e agrião em uma travessa. Adicionar tomate-cereja pedindo para **Júpiter** a fé e o positivismo de acreditar no seu (sua) parceiro(a), estimular a comunicação entre você e ele(a) e que estabeleça uma comunicação positiva.

Incluir mandioquinha cozida cortada em rodelas, pedindo que o **Sol** ilumine sua comunicação; azeitonas, pedindo que **Vênus** ative o final feliz; cebolinha, para estabelecer a comunicação de forma firme; orégano, regido por **Mercúrio**, pedindo que as palavras saiam certas da minha boca; azeite, vinagre balsâmico, sal da Bruxa e queijo ralado.

A mandioquinha pode ser substituída por manga.

Quatro de Copas

É a organização de tudo com relação ao amor. "Afrodite, eu preciso que você me dê um amor perfeito."

Conselho: Faça uma reflexão do estado das coisas atuais em sua vida.

Palavras-chave: Monotonia, rotina.

Ensopado do Amor

1 fio de azeite (Sol)
Sal a gosto (Lua)
½ xícara de alho (Marte)
½ xícara de cebola (Marte)
1 colher (de sobremesa) de pimenta calabresa ou rosa (Marte)
4 tomates picados (Júpiter)
1 xícara de palmito (Sol)

1 lata de atum (Água)
1 vidro de leite de coco (Lua)
1 xícara de salsinha (Saturno) e cebolinha (Marte)

Preparo

Enquanto prepara o prato, pedir para Afrodite iluminar seu caminho, trazendo a organização perfeita na sua vida.

Em uma panela, colocar azeite (ilumina meu amor), alho, cebola, pimenta (olha para mim). Acrescentar tomate (bênção de Júpiter) e pedir para abençoar seu romance. Palmito (Sol), pedir que abençoe o relacionamento. Atum (Mar) representa Afrodite.

1 vidro de leite de coco, salsinha, cebolinha.

Abençoar com sal.

Pegar as conchinhas de Afrodite e encher com essa mistura e cobrir com queijo ralado, levar ao forno para gratinar. É tudo de bom! Sirva com arroz branco.

Cinco de Copas

Cinco de Copas

Equilibra as emoções, quando levar um fora ou estiver com a autoestima baixa. A lâmina simboliza o fora que você levou. É para curar aquilo que não foi realizado. Serve, também, para curar dor de amor.

Conselho: Momento em que as máscaras caem. Trabalhe com o aprendizado das perdas desse momento.

Palavra-chave: Desilusão.

Molho de Baco – Molho Madeira Vegetariano

1 xícara (chá) de vinho tinto suave (Vênus), ½ xícara (chá) de *shoyu* (Sol), uma cebola média picada (Marte), 4 dentes de alho (Marte), 1 pacote de creme de cebola (Marte).

Bater tudo no liquidificador.

Em uma panela, colocar uma colher (sopa) de manteiga (deixar em fogo baixo), despejar a mistura na panela com 2 colheres (sopa) de farinha de trigo. Ir misturando e pedindo para Baco trazer a autoestima necessária. Pedir, também, iluminação, para que você seja uma pessoa linda, maravilhosa. Firmar um acordo com os Gnomos, acrescentando um mix de cogumelos (½ kg), salsinha, cebolinha, sal para abençoar e deixar ferver um pouquinho. Servir com carne ou pãezinhos.

Arroz de Afrodite

2 xícaras (chá) de arroz, alho, cebola, salsinha, cebolinha, um punhado de tomate picado, pétalas de rosas secas, orégano fresco, jasmim (nunca de esqueça de mim), sal para abençoar e 4 xícaras de água.

Refogue todos os ingredientes. Sirva o arroz quente com o molho de Baco e tenha certeza de que tudo se resolverá em breve.

Seis de Copas

Seis de Copas

É a harmonia, é o dia do casamento, é quando seu sonho se torna realidade.

Conselho: Momento de paz e harmonia.

Palavras-chave: Boa vontade, recordações.

Mousse de Afrodite

1 taça de conhaque (Sol)
1 lata de chocolate em pó (Júpiter)
1 lata de creme de leite (Vênus)
1 lata de leite condensado (Vênus)
2 bandejas de morangos (Vênus)

Preparo

Em um pirex, misturar o creme de leite e o leite condensado, pedindo para Afrodite que o amor se faça presente. Acrescentar o chocolate em pó (ir mexendo e pedindo para Afrodite iluminar seu amor, sua vida). Vai formar um creme igual para brigadeiro, se achar que ficou muito mole, pode levar ao fogo para engrossar um pouquinho, mas continuar mentalizando seu pedido. Por fim, acrescentar os morangos picados, uma taça de conhaque e levar à geladeira (pode servir com mix de frutas vermelhas).

Sete de Copas

É a carta para desenvolver um amor espiritual, que realmente você encontre a felicidade. Você vai encontrar uma pessoa que vai crescer e evoluir com você.

Conselho: Preste atenção em seus sonhos. Tome cuidado para não se perder em devaneios.

Palavras-chave: Maravilhamento, distração.

Bolo de Afrodite

7 ovos inteiros (Sol)
6 colheres (sopa) de chocolate em pó (Júpiter)
Uma xícara e meia (chá) de farinha de trigo (Sol)
1 xícara (chá) de açúcar (Lua)
1 colher (sopa) de fermento em pó (Lua/Sol)
Pimenta caramelizada (biquinho) (Marte)

Uma barra de chocolate (Stikadinho) sabor morango (Júpiter)

Preparo

Bater tudo e levar ao forno para assar. Depois de assado, cobrir com açúcar e canela em pó.

Sugestão: Comer o bolo com a calda dos 6 de Copas e sorvete.

Oito de Copas

Para se ter um amor próspero. O amor tem que suprir todas as necessidades.

Conselho: Surgirão soluções em sua vida. Você está pronto para viver novos ares.

Palavra-chave: Mudança de rumo.

Escondidinho do Sol

8 mandioquinhas (Sol)
A gosto:
Pimenta-rosa (Marte)
Alho (Marte)
Cebola (Marte)
Cheiro-verde (Marte/Saturno)
1 copo de requeijão (Vênus)
4 ovos (Sol)

4 colheres de farinha de trigo peneirada (Sol)
Recheio:
1 fio de azeite (Sol)
½ xícara de cogumelo (Terra)
½ xícara de linguiça (Terra)
½ kg de patinho moído ou picado (Terra)
½ xícara de salsinha (Saturno)
½ xícara de tomate picado (Júpiter)
½ xícara de pimenta verde ou pimentão verde picado

Cobertura
Queijo ralado (Sol)

Mandioquinhas (prosperidade) cozidas e amassadas, alho, pimenta-rosa, salsinha, cebolinha, requeijão, os ovos inteiros e a farinha de trigo.

Vai virar uma massa, colocar essa massa em uma forma untada fazendo um forro na forma. Em uma panela, colocar azeite, cogumelos, linguiça, patinho já cozido (pode substituir por proteína de soja sem ser a defumada), salsinha, tomate picadinho, pimenta verde picadinha ou pimentão. Colocar essa mistura sobre o purê de mandioquinha, levar ao forno por 30 minutos, depois, cobrir com parmesão ralado e voltar ao forno para gratinar.

Nove de Copas

É a fase do noivado, já tem a pessoa, está tudo certo.
Conselho: Mostre seu amor. Seus objetivos serão realizados.
Palavras-chave: Bem-estar, sucesso, satisfação.

Sopa Alemã

Em uma panela, colocar 2 latas de cerveja (Sol), meio litro de leite (Vênus), 2 ovos inteiros (Sol). Ir mexendo e mentalizando a pessoa amada perto de você. Acrescentar uva-passa (Vênus) para que todo o passado seja esquecido e comece uma nova vida. Acrescentar 1 pacote de creme de cebola (Marte) ou farinha de trigo (Sol), salsinha (Saturno), cebolinha (Marte), sal para abençoar (Lua), pedaços de queijo fresco (Vênus).

Dez de Copas

Realização plena no amor. A pessoa perfeita a seu lado. Esta carta representa O Mundo nos arcanos maiores.

Conselho: Um ótimo tempo para você viver um grande amor.

Palavra-chave: Realização plena no amor.

Pudim de Afrodite

Em um pirex, colocar 2 xícaras (chá) de água quente (a água equilibra nossas emoções e faz com que nossos sonhos se tornem realidade), acrescentar 2 pacotes de gelatina (Vênus) incolor (sem sabor), 1 lata de creme de leite (Lua), 2 colheres (sopa) de guaraná em pó, 3 colheres (sopa) de açúcar, 10 morangos (Vênus). Bater tudo no liquidificador. Levar à geladeira. Quando estiver no ponto de pudim, decorar com morangos e cerejas.

Pajem/Princesa de Copas

Pajem/Princesa de Copas

É a Rainha mais nova, decidida, de bem com a vida, sabe o que quer.
Conselho: É hora de você expressar toda sua alegria e esperança.
Palavras-chave: Espiritualidade, romance.

Refogado da Princesa

1 fio de azeite (Sol)
½ kg de carne picadinha (Terra)
½ xícara de cheiro-verde (Marte)
½ xícara de alho (Marte)
½ xícara de linguiça (Terra)
½ xícara de abobrinha (Vênus)
½ xícara de cenoura (Mercúrio)
½ xícara de tomate (Júpiter)
½ xícara de pimentão (Marte)
Sal a gosto (Lua)

Orégano a gosto (Mercúrio)
Pimenta-rosa a gosto (Marte)
½ xícara de azeitona sem caroço (Vênus)
½ xícara de abóbora (Sol)

Preparo

Deixar fritar no azeite carne picadinha, cebola, salsinha, cebolinha, alho. Depois de frito, acrescentar linguiça calabresa, abobrinha, cenoura, tomate, pimentão, sal, azeitonas, orégano, alho, pimenta-rosa. Deixar cozinhar mais um pouco. Por último, acrescentar abóbora cozida em pedaços.

Cavaleiro/Príncipe de Copas

Príncipe de Copas

É o Rei mais novo.
Conselho: Seu príncipe encantado está por perto. Tomado de iniciativa.
Palavras-chave: Criança interior, idealismo.

Torta do Príncipe

1 fio de azeite (Sol)
½ kg de batata (Lua)
½ kg de mandioquinha (Sol)
Sal a gosto (Lua)
½ xícara de tomate (Júpiter)
½ xícara de cogumelo (Terra)
1 ricota (Vênus)
Orégano a gosto (Mercúrio)

1 copo de requeijão (Vênus)
1 pacote de queijo parmesão ralado (Vênus/Sol)

Preparo

Untar um marinex com azeite e misturar batata cozida e mandioquinha cozida; fazer um purê, acrescentar sal, tomate picadinho e cogumelo. Cobrir com ricota ou creme de ricota, orégano, requeijão, queijo parmesão ralado. Levar ao forno para gratinar.

Rainha de Copas

Rainha de Copas

É o feminino do Reis, as mesmas características. Uma mulher quarentona bem cuidada.

Conselho: Use bem seus poderes de sedução. Você está muito bem neste momento.

Palavras-chave: Feminilidade, sensibilidade, gentileza.

Refogado do Sagrado

½ xícara de *bacon* (Terra) ou proteína de soja (Sol)
1 maço de espinafre (Vênus)
½ xícara de cheiro-verde (Marte/Saturno)
½ xícara de alho com cebola (Marte)
½ xícara de pimenta cambuci (Marte)
Orégano a gosto (Mercúrio)
Sal a gosto (Lua)

2 copos de iogurte natural (Vênus)
4 ovos (Sol)
1 xícara de queijo ralado (Sol/Vênus)

Preparo

Fritar o *bacon* ou a proteína, acrescentar um maço de espinafres picado (espinafre é a planta de Afrodite), cebolinha, salsinha, alho, cebola e refogar. Acrescentar pimenta cambuci, orégano, sal para abençoar, 2 copos de iogurte natural. Colocar em um pirex e acrescentar 4 ovos inteiros, cobrir com queijo ralado, orégano e sal, levar ao forno para cozinhar os ovos e gratinar.

Rei de Copas

Rei de Copas

Um homem com mais de 40 anos, carinhoso, sabe valorizar a mulher, um homem bem resolvido.

Conselho: Entregue-se totalmente à felicidade. Amor maduro e calmo.

Palavra-chave: Benevolência.

Guizado do Rei

½ xícara de cada ingrediente: alho, cebola, cenoura e vagem cozidas, pimenta-rosa, pimenta verde cumprida, castanha-de-caju, azeitonas, cogumelos, batata brócolis, e couve-flor cozidos.

Sal e azeite a gosto.

Preparo

Refogue todos os ingredientes. Sirva com arroz branco.

Néctar do Rei

O suco traz Estabilidade e Direcionamento.
3 inhames sem casca (Saturno e Terra)
2 maracujás (Sol)
Melaço para adoçar (Lua)

Preparo

Bater tudo no liquidificador e servir.

Dicas da Bruxa

Sal da Bruxa

O sal tempera a vida com amor.
1 kg de sal
1 saquinho (10 g) de cada um dos ingredientes desidratados abaixo:
orégano, manjericão, salsinha, cebola, alho, anis-estrelado, canela em pau, louro, tomilho, alecrim.

Preparo
Colocar o sal e misturar todos os ingredientes. Deixar "curar" por 28 dias.

Mel de Afrodite

O mel de Afrodite traz tranquilidade, paz e compreensão.
1 litro de mel
Damasco (Dinheiro)
Morango (Paixão, Sedução)
Pêssego (capacidade de compreender o outro)
Hibisco seco (Desejo sexual, realização)
Uva sem semente (Amor verdadeiro, sexo)
Maça (Conhecimento, Sabedoria)
Cereja (Amizade sincera, comunicação doce)

Canela (Feminino, Afrodisíaco)
Anis (Alegria)
Cravo e coco (Proteção)
Rosa vermelha (Sagrado, Belo)

Preparo

Colocar todas as frutas em um pote de vidro e cobrir com mel. Deixar 28 dias curando, após isso pode servir como compota.

SUCO DO AMOR
Maçã, canela em pó, calda da papisa, xarope de guaraná, baunilha (uma gota), mel e vinho à vontade.

SALADA DE RÚCULA COM MORANGOS
Sagrado feminino. Equilíbrio da Lua e Vênus.

SALADA DE ALFACE COM CALÊNDULA
Traz bem-estar.

ESCUDO DE PROTEÇÃO
Cortar uma maçã (sabedoria) ao meio, na horizontal, colocar uma folha de louro, fechar novamente e pôr na porta de entrada.

PONCHE DE AFRODITE
Estimula o carinho entre o casal

Sorvete de creme + vinho seco + pêssego em calda. Bater tudo no liquidificador.

MOLHO PARA SALADA
Vinagre balsâmico, azeite, limão, sal, semente de mostarda (é a menor semente que dá a maior árvore). (Enquanto vai prepara, pedir que a prosperidade esteja com você todos os dias).

COQUETEL
Polpa de acerola (Sol) + licor de Afrodite (ou a calda de 1 vidro de cereja), conhaque a gosto e água. Bater tudo no liquidificador.

COUVE PARA APAZIGUAR BRIGAS DE CASAL
Enrolar folhas de couve e cortá-las bem finas pedindo mentalmente que todas as brigas sejam dissolvidas e que os quatro elementos retirem toda a energia de briga do casal.

Picar 300 g de mortadela fatiada (pode ser substituída por lombo, presunto ou peito de peru, mas a experiência da mestra provou que a mortadela é mais eficiente).

Refogar em uma panela um fio de azeite, alho, cebola e um pouquinho de alecrim (para tirar mágoas). Em seguida, acrescentar a mortadela picada e a couve. Misturar e refogar por alguns minutos.

ARROZ DA PROSPERIDADE

Colocar em uma panela azeite, gengibre em conserva, cebola desidratada, salsinha, cebolinha, couve-flor e cenoura em conserva. Dar uma fervura e adicionar arroz branco e uma colher de cúrcuma (açafrão), água e sal.

REFOGADINHO DE BERINJELA

Berinjelas (limpeza das dificuldades)
Cenouras (comunicação perfeita)
Vagem (para que seu sonho se torne realidade)
Azeitonas (tira dificuldades)

Sementes de chia, creme de cebola, pimenta-rosa, salsinha. Refogar tudo. Está pronto. Simples assim.

RECEITA PARA DAR CORAGEM – REFOGADO DE DENTE-DE-LEÃO OU SERRALHA

Bom para o estômago e para dar coragem para encontrar o caminho certo. Tem a força da Temperança e iniciativa. 1 pedaço de *bacon* picado. Deixar fritar. Acrescentar o dente-de-leão ou serralha (pode substituir por couve).

BEBIDA DE AFRODITE

1 champanhe rosê, coquetel de vinho não alcoólico ou vinho tinto (1 copo mais ou menos), morangos, cerejas.

Bater tudo no liquidificador.

Bibliografia Consultada e Sugerida

BANZHAF, Hajo. *Guia Completo do Tarô*. São Paulo: Pensamento, 2012.

_____. *O Tarô e a Viagem do Herói*. São Paulo: Pensamento, 2003.

BARTLETT, Sarah. *A Bíblia do Tarô*. São Paulo: Pensamento, 2011.

BLAKE, Deborah. *Diário de Uma Bruxa*. São Paulo: Editora Ísis, 2020.

FORTUNE, Dion. *A Cabala Mística*. São Paulo: Pensamento, 2006.

GODO, Carlos. *O Tarô de Marselha*. São Paulo: Pensamento, 2007.

GREENE, Liz & SHARMAN, Juliet. *Tarô Mitológico*. São Paulo: Madras Editora, 2017.

MANN, A. T. *Elementos do Tarô*. São Paulo: Ediouro, 1995.

LYLE, Jane. *O Tarô do Amor – Para Assuntos do Coração*. São Paulo: Madras Editora, 2018.

MARTIN, Elizabeth. *O Tarô das Estrelas*. São Paulo: Editora Ísis, 2020.

MEBES, G. O. *Os Arcanos Maiores do Tarô*. São Paulo: Pensamento, 2007.

_____. *Os Arcanos Menores do Tarô*. São Paulo: Pensamento, 2007.

NAIF, Nei. *Curso Completo de Tarô*. São Paulo: Alfabeto, 2020.

NICHOLS, Sallie. *Jung e o Tarô*. São Paulo: Cultrix, 2007.

PRAMAD, Veet. *Curso de Tarô – E Seu Uso Terapêutico*. São Paulo: Madras Editora, 2006.

RIVOLLI, Franco & MOORE, Barbara. *Tarô Prateado das Bruxas*. São Paulo: Alfabeto, 2021.

ROVIRA, Bibiana. *Tarô Egípcio Kier*. São Paulo: Pensamento, 2020.

TOMBERG, Valentim. *Meditações Sobre os 22 Arcanos Maiores*. São Paulo: Paulus, 2017.

WAITE, Edith. *Tarô Universal de Waite*. São Paulo: Editora Ísis, 2020.

WHITE, Julian M. *Tarot Renascentista de Giovanni Vacchetta*. São Paulo: Editora Ísis, 2021.

MADRAS® Editora — CADASTRO/MALA DIRETA

Envie este cadastro preenchido e passará a receber informações dos nossos lançamentos, nas áreas que determinar.

Nome _____
RG _____ CPF _____
Endereço Residencial _____
Bairro _____ Cidade _____ Estado _____
CEP _____ Fone _____
E-mail _____
Sexo ❏ Fem. ❏ Masc.   Nascimento _____
Profissão _____ Escolaridade (Nível/Curso) _____

Você compra livros:
❏ livrarias   ❏ feiras   ❏ telefone   ❏ Sedex livro (reembolso postal mais rápido)
❏ outros: _____

Quais os tipos de literatura que você lê:
❏ Jurídicos   ❏ Pedagogia   ❏ Business   ❏ Romances/espíritas
❏ Esoterismo   ❏ Psicologia   ❏ Saúde   ❏ Espíritas/doutrinas
❏ Bruxaria   ❏ Autoajuda   ❏ Maçonaria   ❏ Outros:

Qual a sua opinião a respeito desta obra? _____
_____

Indique amigos que gostariam de receber MALA DIRETA:
Nome _____
Endereço Residencial _____
Bairro _____ Cidade _____ CEP _____

Nome do livro adquirido: ***Gastronomia do Tarô***

Para receber catálogos, lista de preços e outras informações, escreva para:

MADRAS EDITORA LTDA.
Rua Paulo Gonçalves, 88 – Santana – 02403-020 – São Paulo/SP
Caixa Postal 12183 – CEP 02013-970 – SP
Tel.: (11) 2281-5555 – Fax.:(11) 2959-3090
www.madras.com.br

MADRAS® Editora

Para mais informações sobre a Madras Editora,
sua história no mercado editorial
e seu catálogo de títulos publicados:

Entre e cadastre-se no site:

www.madras.com.br

Para mensagens, parcerias, sugestões e dúvidas, mande-nos um e-mail:

marketing@madras.com.br

SAIBA MAIS

Saiba mais sobre nossos lançamentos,
autores e eventos seguindo-nos no facebook e twitter:

@madrased

/madraseditora